LA
VEFVE
OV LE
TRAISTRE
TRAHY.

Comedie.

A PARIS,

hez FRANCOIS TARGA, au premier
pilier de la grand' Salle du Palais deuant la
Chappelle, au Soleil d'or.

M. DC. XXXIV.

Auec Priuilege du Roy.

À
MADAME
DE LA
MAISON-FORT.

ADAME,

M Le bon accueil
qu'autrefois cette Vefue à receu de vous, l'oblige à vous en
remercier, & l'enhardit a vous
demander la faueur de voſtre
protection. Eſtant expoſée aux

EPISTRE.

au deſſus des forces de la nature. En effect, MADAME,
quelque difficulté que vous faſ-
ſiez de croire aux miracles, il
faut que vous en recognoiſſiez
en vous meſme, ou que vous ne
vous cognoiſſiez pas, puiſque il
eſt tout vray que des vertus &
des qualitez ſi peu communes
que les voſtres ne ſçauroient
auoir d'autre nom. Ce n'eſt pas
mon deſſein d'en faire icy les
Eloges, outre qu'il ſeroit ſuper-
flu de particulariſer ce que tout
le môde ſçait, la baſſeſſe de mon
diſcours profaneroit des choſes
ſi releuées : Ma plume eſt trop

foible pour entreprendre de vo-
ler fi haut, c'eft affez pour elle de
vous rendre mes deuoirs, & de
vous protefter auec plus de verité que d'eloquence, que ie feray toute ma vie

MADAME,

Voftre tres-humble & tres-obeïffant
feruiteur CORNEILLE.

AV LECTEVR.

SI tu n'es homme à te contenter de la naïfueté du stile, & de la subtilité de l'intrique, ie ne t'inuite point à la lecture de cette piece, son ornement n'est pas dans l'esclat des vers. C'est vne belle chose que de les faire puissants & majestueux, cette pompe rauit d'ordinaire les esprits, & pour le moins les esblouït, mais il faut que les sujets en facent naistre les occasions, autrement c'est en faire Parade mal à propos, & pour gaigner le nom de Poëte perdre celuy de iudicieux. La Comedie n'est qu'vn portraict de nos actiós, & de nos discours, & la perfection des portraicts consiste en la ressemblance.

Sur cette maxime ie tafche de ne mettre en la bouche de mes Acteurs, que ce que diroient vray-femblablement en leur place ceux qu'ils reprefentent, & de les faire difcourir en honneftes gens, & non pas en Autheurs. Ce n'eft qu'aux ouurages où le Poëte parle, qu'il faut parler en Poëte; Plaute n'a pas efcrit comme Virgile, & ne laiffe pas d'auoir bien efcrit. Icy donc tu ne trouueras en beaucoup d'endroits qu'vne Profe rimée, peu de Scenes toutesfois fans quelque raifonnement affez veritable, & par tout vne conduitte affez induftrieufe : Tu y recognoiftras trois fortes d'amours auffi extraordinaires au theatre, qu'ordinaires dans le monde, celle de Philifte & Clarice, d'Alcidon & celle de la mefme Doris auec Florange qui ne paroift point. Le plus beau de leurs entretiens eft en equiuoques, & en propofitiós dont ils te laiffent les confequences a tirer; fi tu en penetres bien le fens, l'artifice ne t'en defplaira point. Pour

l'ordre de la piece , ie ne l'ay mis, ny dans
la seuerité des regles, ny dans la liberté qui
n'est que trop ordinaire sur le Theatre
François : l'vne est trop rarement capable
de beaux effets, & on les trouue à trop
bon marché dans l'autre qui prend quelquefois tout vn siecle pour la durée de son
action , & toute la terre habitable pour
le lieu de sa Scene. Cela s'ent vn peu trop
son abandon , messeant à toute sorte de
Peomes, & particulierement aux Drama-
tiques, qui ont tousiours esté les plus re-
glés. l'ay doc cherché quelque milieu pour
la regle du temps , & me suis persuadé que
la Comedie estant disposée en cinq actes
cinq iours consecutifs n'y seroient points,
mal employés. Ce n'est pas que ie n'estimasse
se l'antiquité , mais comme on
malaisement des beautés si vielles , i'ay
creu luy rendre assez de respect de luy
partager mes ouurages, & de six pieces de ce
Theatre qui me sont eschappées, en ayant

duict trois dans la contrainte qu'elle
us a prescrite, ie n'ay point fait de con-
nce d'allonger vn peu les vint-& qua-
heures, aux trois autres. Pour l'vnité
lieu & d'action ce sont deux regles que
bserue inuiolablement, mais i'interpre-
la derniere à ma mode, & la premiere
ntost ie la resserre a la seule grandeur du
heatre, & tantost ie l'estends iusqu'à
ute vne ville, comme en cette Piece.
l'ay poussée dans le Clitandre iusques
x lieux ou l'on peut aller dans les vingt-
quatre heures, mais bien que i'en peus-
trouuer de bons garands, & de grands
emples dans les vieux & nouueaux sie-
es, i'estime qu'il n'est que meilleur de se
sser de leur imitation en ce point: Quel-
ue iour ie m'expliqueray dauantage sur
s matieres, mais il faut attendre l'occa-
ȳon d'vn plus grand volume, cette Pre-
ce n'est desia que trop longue pour vne
omedie.

AVX DAMES

LE Soleil est leué, retirez vous Etoiles:
Remarquez son esclat, à trauers de ſ
voiles,
Petits feux de la nuict qui luiſez en ces lieux,
Souffrez le meſme affront que les autres d
Cieux.
Orgueilleuſes Beautez que tout le mond
eſtime,
Qui prenez vn pouuoir qui n'eſt pas legitime,
Clarice vient au iour ; voſtre luſtre s'eſteint ;
Il faut ceder la place, à celuy de ſon teint:
Et voir dedans ces vers, vne double merueille,
La beauté de la Veſue, & l'Eſprit de Corneille

DE SCVDERY

A MONSIEVR CORNEILLE
Poëte Comique sur sa Veufue.

EPIGRAMME.

Rare Escriuain de nostre France
   Qui le premier des beaux esprits
As faict reuiure en tes escrits,
L'Esprit de Plaute, & de Terence:
Sans rien desrober des douceurs,
De Melite, ny de ses sœurs.
Ô ! Dieu que ta Clarice est belle
Et que de Veufues à Paris
Souhaiteroient d'estre comme-elle,
Pour ne manquer pas de maris.

MAIRET.

À MONSIEVR

Corneille fur fa Clarice.

Corneille, que ta Veufue a de
    charmes puiſſans!
Ses yeux remplis d'amour, ſes diſ-
    cours innocens,
Joints à ſa Maieſté plus diuine
    qu'humaine,
Paroiſſent au Theatre auec tant de
    ſplendeur,
Que Melite, admirant cette belle
    Germaine,
Confeſſe qu'elle doit l'hommage à ſa
    grandeur.

Mais ce n'eſt pas aſſez, ſa parlante
    peinture   [ture,
A tant de reſſemblance auecques la na
Qu'en liſant tes eſcrits l'on croit voir
    des Amans
Dont la mourante voix naïfuement
    propoſe
Ou l'extreſme bon-heur, ou les rudes
    tourmens,
Qui furent le ſubiect de leur meta-
    morphoſe.   [té,
Fay la donc imprimer, fay que ſa Dei-

Iour & nuict entretienne auecques
    priuauté
Ceux qui n'ont le moyen de la voir au
    Theatre: [pas,
Car ſi Melite à pleu pour ſes diuins ap-
Tout le monde ſera de Clarice idolatre
Qui iouit de beautez, que Melite n'a
    pas.   GVERENTE.

MADRIGAL,

Pour la Comedie de la Vesve de Monsieur Corneille.

A CLARICE.

Clarice la plus douce veine,
Qui sçache le mestier des vers,
Donne vn portraict à l'Vniuers,
De tes beautés & de ta peine :
Et les traicts du pinceau, qui te font
admirer,
Te despeignent au vif si constante &
si belle,
Que ce diuin portraict, bien que tu sois
mortelle,
Demande des autels pour te faire
adorer.

I. G. A. E. P.

A MONSIEVR
CORNEILLE.

ELEGIE.

POur te rendre Iuſtice, autant que pour te
    plaire,
Ie veux parler (Corneille) & ne me puis plus
    taire,
Iuge de ton merite (a qui rien n'eſt égal)
Par la confeſſion de ton propre riual.
Pour vn meſme ſuiet, meſme deſir nous preſſe,
Nous pourſuiuions tous deux vne meſme mai-
    ſtreſſe,
La gloire, cet obiet dès belles volontez
Preſide également deſſus nos libertez,
Comme toy, ie la ſerts, & perſonne ne doute
Des veilles & des ſoins que cette ardeur me
    couſte,
Mon eſpoir toutesfois eſt décreu chaque iour
Depuis que ie t'ay veu pretendre à ſon amour

é

Ie n'ay point le threſor de ſes douces paroles
Dont tu luy fais la cour, & dont tu la caiolles:
Ie voy que ton eſprit vnique de ſon art
A des naïfuetez plus belle que le fard,
Que tes inuentions ont des charmes eſtranges
Que leur moindre incident attire des loüanges,
Que par toute la France on parle de ton nom,
Et qu'il n'eſt plus d'eſtime égale à ton renom,
Depuis, ma Muſe tremble, & n'eſt plus ſi hardie
Vne ialouſe peur, la long temps refroidie,
Et depuis (cher riual) ie ſerois rebuté
De ce bruit ſpecieux dont Paris ma flatté,
Si cet Ange mortel, qui fait tant de miracles,
Et dont tous les diſcours paſſent pour des oracles,
Ce fameux Cardinal, l'honneur de l'vniuers,
N'aymoit ce que ie fais, & n'eſcoutoit mes vers:
Sa faueur m'a rendu mon humeur ordinaire,
La gloire ou ie pretend eſt l'honneur de luy plaire
Et luy ſeul reſueillant mon genie endormy
Et cauſe qu'il te reſte vn ſi foible ennemy:
Mais la gloire n'eſt pas de ces chaſtes maiſtreſſes
Qui n'oſent en deux lieux reſpandre leurs ca-
    reſſes,

Cet obiet de nos vœux , nous peut obliger tous,
Et faire mille amants , ſans en faire vn jaloux;
Tel, ie te ſçay cognoiſtre, & te rendre iuſtice,
Tel, on me voit par tout adorer ta Clarice:
Auſſi rien n'eſt égal à ſes moindres attraits,
Tout ce que i'ay produit cede à ſes moindre traits
Toute Veſue qu'elle eſt, de quoy que tu l'habilles,
Elle ternit l'éclat de nos plus belles fill-s,
I'ay veu trembler Siluie, Amaranthe, & Filis,
Celimene à changé, ſes attraits ſont pallis?
Et tant d'autres beautez que l'on à tant vantez
Si toſt qu'elle à paru ſe ſont éſpouuantez;
Adieu, fais nous ſouuent des enfans ſi parfaicts
Et que ta bonne humeur ne ſe laſſe iamais.

DE ROTROV.

A MONSIEVR CORNEILLE,

DE mille adorateurs Melite eſt pourſuiuie,
Ces autres belles ſœurs le ſont également,
Clarice quoy que Veſue à ſurmonté l'enuie
Et fait de tout le monde vn party ſeulement.

C. B.

ẽ ij

A MONSIEVR CORNEILLE.
sur sa Vefue.

EPIGRAMME.

TA Vefue s'eſt aſſez cachée,
Ne crains point de la mettre au iour
Tu ſçais bien qu'elle eſt recherchée,
Par les mieux ſenſez de la Cour:
Des-ja des plus grands de la France,
Dont elle eſt l'heureuſe eſperance,
Les cœurs luy ſont aſſujettis,
Et leur amour eſt vne preuue,
Qu'vne ſi glorieuſe Veufue
Ne peut manquer de bons parties.

DVRYER Parifien.

AV MESME.
Par le meſme.

QVe pour loüer ta belle Vefue
Chacun de ſon eſprit donne vne riche preuue,
Qu'on voye en cent facons ſes merites tracez,
Pour moy ie penſe dire aſſez
Quand ie dy de cette merueille,
Qu'elle eſt ſœur de Melite & fille de Corneille.

A MONSIEVR CORNEILLE.

Belle Vefue adorée,
Tu n'eſt pas demeurée,
Sans ſupports & ſans gloire en la fleur de tes ans
Puiſque ton cher Corneille
A ta conduite veille
Tu ne peux redouter les traits des mediſans.

BOIS-ROBERT.

A MONSIEVR CORNEILLE
ſur ſa Vefue.

CEtte belle Clarice à qui l'on porte enuie,
Peut elle eſtre ta Vefue, & que tu ſois en vie?
Quel accident eſtrange à ton bon-heur eſt ioint?
Si iamais vn Autheur a veſcu par ſon Liure
En d'eſpit de l'enuie elle te fera viure:
Elle ſera ta Vefue & tu ne mourras point.

DOVVILLE.

A MONSIEVR CORNEILLE.
fur fa Vefue.

EPIGRAMME.

LA renommée eſt ſi rauie,
Des mignardiſes de tes vers,
Qu'elle chante par l'vniuers
L'immortalité de ta vie:
Mais elle ſe trompent en vn point,
Et voicy comme ie l'epreuue;
Vn homme qui ne mourra point
Ne peut iamais faire vne Vefue.
Quoy que chacun en ſoit d'accord,
Il faut bien que du ciel ce beau renon te vienne,
Car ie ſçay que tu n'eſt pas mort,
Et toutefois i'adore & recherche la tienne.

CLAVERET.

MADRIGAL

du mesme.

PHiliste en ces amours à du craindre vn Riual,
   Puisque ta Vefue est la copie
   De ce charmant original,
   A qui ta plume la dedie.
Ton bel art nous peint l'vne adorable à la Cour,
La nature a faict l'autre vn miracle d'amour.
Ie sçay bien que l'on nous figure
Lart moins parfaict que la nature
Mais laissant ces raisons à part,
Ie ne sçay qui l'emporte ou la nature ou l'art,
Ta Vefue toutesfois par sa douceur extreme
Sçait si bien celuy de charmer
Qu'à la voir on la peut nommer,
Vn original elle mesme,
Et toutes deux des rauissans accords
D'vn belle esprit & d'vn beau corps.

ẽ iiij

A MONSIEVR CORNEILLE
sur l'inpretion de sa Vefue.

LA Vefue qui n'a d'autres soins
Que de se tenir renfermée
Et de qui l'on parle le moins,
Et plus chaste & plus estimée,
Mais celle que tu mets au iour
Acroist son lustre et nostre amour,
'Alors qu'elle se communique,
Bien loin de se faire blasmer,
Tant plus elle se rend publique,
Plus elle se fait estimer.

I. COLLARDEAV.

POVR LA VEFVE DE MONSIEVR
Corneille.

BIen que les amours des Filles
Soient viues, & sans fard, florissantes, gentilles,
Et que le pucelages ait des gouts si charmans ;
Ceste Vefue en despit d'elles,
V a posseder plus d'Amans
Qu'vn million de pucelles.

L. M. P.

A MONSIEVR CORNEILLE.
SONNET.

Tous ces presomptueux, dont les foibles esprits
S'efforcent vainement de te suiure à la trace,
Se trouuent à la fin des Corneilles d'Horace,
Quant ils mettent au iour leurs commiques escrits.

Ce style familier non encor entrepris,
Ny connu de personne, à de si bonne grace,
Du Theatre François changé la vieille face,
Que la Scene Tragique en a perdu le pris.

S. Amand ne crain plus d'aduoüer ta patrie,
Puis que ce Dieu des vers est né dans la Neustrie,
Qui pour se rendre illustre à la posterité.

Accomplit en nos iours l'incroyable merueille
De cet oyseau fameux parmy l'antiquité,
Nous donnant vn Phœnix sous le non de Corneille.

DV PETIT VAL.

A MONSIEVR CORNEILLE

SONNET.

MElite qu'vn miracle à fait venir des
 Cieux,
Les cœurs charmes à soy comme l'aymant attire
Mais c'est auec raison que tout le monde admire,
La Vesue qui n'a pas moins d'attraites dans les
 yeux.

Face parler les Rois le langage des Dieux,
Faire regner l'amour accroistre son empire
Peindre auec tãt d'addresse vn gratieux martire
Fermer si puissamment la bouche aux enuieux.

Faire honneur à son temps, enseigner à nostre
 aage,
Apolie doucement son vœu & son langage
Corneille, c'est assez pour auoir des lauriers.

Dessus le mont sacré tousiours tranquille, &
 calme,
Mais pour dire en vn mot deuenir des derniers,
Et les surpasser tous c'est emporter la palme.

AV MESME

SIXAIN.

CE n'est rien d'auoir peint vne vierge beauté
Melite, vray portrait de la diuinité,
La grace de l'obiet embelit la peinture,
Et conduit le pinceau qui ne s'egare pas,
Mais de peindre vne Vefue auec autant d'appas
C'est vn éffect de l'art qui passe la nature.

PILLASTRE. Aduocat en parlement

A MONSIEVR CORNEILLE

EPIGRAMME.

TOy que le parnasse idolatre,
   Et dont le vers doux, & coulant.
Ne faict point voir sur le Theatre
Les effaicts d'vn bras violant,
Esprit de qui les rares veilles
Tous les ans font voir des merueilles,
Au dessus de l'humain pouuoir,
Reçoy ces vers dont Villeneuue,
Rauy des beautez de ta Vefue,
A faict hommage à ton sçauoir.

A MONSIEVR
CORNEILLE.

Corneille, ie suis amoureux
De ta Vesue & de ta Melite,
Et leurs beautez & leurs merite,
Font naistre tes vers & mes feux,
Ie veux que l'vne soit pucelle,
L'autre icy me semble si belle
Qu'elle captiue mes esprits,
Et ce qui m'en plaist dauantage
C'est que les traits de son visage,
Viennent de ceux de tes escrits.

DE MARBEVF.

R A M O N S I E V R
Corneille, fur fa Vefue.

SIXAIN.

ON vante les exploits de ces mains valeureufes,
Qui font dans les combats des Vefues malheu-
reufes,
Mais i'eftime pour moy qu'il t'eft plus glorieux
D'auoir fait en nos cours vne Vefue fans larmes
Et que l'on ne fçauroit fans t'eftre iniurieux,
Donner moins de lauriers à tes vers qu'à leurs
armes.

DE CANON.

F.

A Monsieur Corneille, sur sa Vesue.

SONNET.

Corneille que ta Vefue eſt plaine de beauté
Que tu las d'ornemens & de grace pourueuë
Le plaiſir de la voir tous mes ſens diminuë
Et traine tant d'appas ce ſeroit la cheté.

Quoy que puiſſe ànos yeux offrir la noueauté
Rien ne les peut toucher à l'égal de ſa veuë
Jl n'eſt point de mortel apres l'auoir connuë
Qui ſe puiſſe vanter de voir ſa liberté.

Admire le pouuoir qu'elle à ſur mon eſprit
Ne cherche point le nom de celuy qui t'écrit,
Qui iamais ne conneut Apolon n'y ſa Lyre.

Ton merite l'oblige à te donner ces vers,
Et la douceur des tiens le forcent de te dire
Qu'il n'eſt rien de ſi beau dedans tout l'vniuers.

L. N.

A MONSIEVR CORNEILLE
en faueur de sa Vesue.

Corneille que ton chant est doux,
Que ta plume à trouué de gloire,
Il n'est plus d'esprit parmynous
Dont tu n'emportes la victoire,
Ce que tu feins à tant d'attraits,
Que les ouurages plus parfaits
N'ont rien d'esgal à son merite
Et la Vesue que tu fais veoir,
Plus rauissante que Melite,
Monstre l'excez de ton sçauoir.

BVRNEL.

A Monsieur Corneille.

CLarice est sans doute si belle,
Que Philiste n'a le pouuoir
De gouster le bien de la voir,
Sans deuenir amoureux d'elle:
Ses discours me font estimer
Qu'on à plus de gloire de l'aymer
Que de raison à s'en deffendre ;
Et que les argus les plus grands
Pour y trouuer dequoy reprendre
N'ont point d'yeux assez penetrants.

Appolon que par ses Oracles
A plus d'esclat qu'il n'eut iamais,
Tient sus les deux sacrez sommets
Tes vers pour autant de miracles:
Et les plaisirs que ces neuf sœurs
Trouuent dans les rares douceurs
Que parfaitement tu leur donnes ;
Sont purs tesmoignages de foy,
Qu'au partage de leur couronnes
La plus digne sera pour toy.

MARCEL.

A MONSIEVR CORNEILLE,
fur fa Vefue.

STANCES.

Diuin efprit puiffant genie
Tu vas produire en moy des miracles diuers,
Ie n'ay iamais donné de louange infinie,
Et ie ne croyois plus pouuoir faire de vers.

Il te falloit pour m'y contraindre
Faire vne belle Vefue & luy donner des traits,
Dont mon cœur amoureux peut fe laiffer atteindre,
L'amour me fait rimer & loüer fes attraits.

Digne fuiet de mille flames
Incomparable Vefue ornement de ce temps,
Tu vas mettre du trouble & du feu dans les ames,
Faifant moins d'ennemis que de cœurs inconftans.

Qui vit iamais tant de merueilles
Mes fens font auiourd'huy l'vn de l'autre enuieux,
Ton difcours me rauit l'ame par les oreilles,
Et ta beauté la veut arracher par les yeux.

Quand on te voit les plus barbares,
A tes charmes sans fard, & tes naïfs appas
Donneroient mille cœurs, & des choses plus rares,
S'ils en pouuoient auoir : pour ne te perdre pas.

Lors qu'on tentend les plus Critiques,
Remarquent tes discours, & font tous vn serment
De les faire obseruer pour des loix authentiques,
Et de condamner ceux qui parlent autrement.

Cher amy pardon si ma muse,
Pour plaire à mon amour manque à nostre amitié,
Donnant tout à ta fille elle a bien cette ruse,
De iuger que tu dois en auoir la moitié.

Prens donc en gré tant de franchise,
Et ne t'estonne pas si cecy ne vaut rien,
Par son desordre seul, tu sçauras ma surprise,
Vn cœur qui sçait aymer ne s'exprime pas bien.

Il me suffit que ie me treuue
Dans ce rang qui n'est pas à tout chacun permis,
Des humbles seruiteurs de ton aymable vefue,
Et de ceux que tu tiens pour tes meilleurs amis.

VOILLE.

STANCES.

Sur les Oeuures de Monſieur Corneille

Corneille occupant nos eſprits,
    Fait voir par ces diuins eſcrits,
Que nous viuions dans l'ignorance,
Et ie croy que tout l'vniuers,
Sçaura bien toſt que noſtre France,
N'a que luy ſeul qui fait des Vers.

La nature tout à loiſir,
A pris vn extreme plaiſir
A creer ta veine animée,
Et parlant ainſi que les Dieux,
Le temps veut que la renommée,
T'aille publier en tous lieux.

Apolon forma ton eſprit,
Et d'vn ſoin merueilleux t'aprit,
Le moyen de charmer des hommes,
Il t'a rendu par ſon meſtier,
L'oracle du ſiecle où nous ſommes,
Comme ſon vnique heritier.

Beaulieu.

ĩ ij

A la Vefue de Monſieur Corneille,

SONNET.

CLarice, vn temps ſi long ſans te monſtrer au iour,
M'a fait apprehender que le dueil du veſuage,
Ayant terny l'eſclat des-traits de ton viſage,
T'empeſchaſt d'eſtablir parmy nous ton ſeiour.

  Mais tant de grãds eſpris rauis de ton amour,
Parlent de tes appas dans vn tel aduantage,
Qu'apres eux, tout l'orgueil des beautez de cét
Doit tirer vanité de te faire la Cour.   [aage

  Parois donc librement ſans craindre que tes charmes
Te ſuſcitent encor de nouuelles alarmes,
Expoſée aux efforts d'vn ſecond rauiſſeur:

  Puiſque de la façon que tu te fais paroiſtre,
Chacun ſans t'offenſer peut ſe rẽdre ton maiſtre,
Comme depuis vn an chacun l'eſt de ta ſœur.

A. C.

Extraict du Priuilege du Roy.

PAr grace & Priuilege du Roy, Il eſt permis à François Targa, Marchand Libraire à Paris. d'imprimer ou faire imprimer vn liure intitulé, *La Veſue, ou le Traiſtre trahy*, Faiſant defences à tous Libraires, Imprimeurs & autres de quelque qualité & condition qu'ils ſoient, d'imprimer ou faire imprimer ledit Liure, le vendre, faire vendre, debiter ny diſtribuer par noſtredit Royaume, durant le temps de ſix ans, ſur peine aux contreuenans de cinq cens liures d'amende, de confiſcation des exemplaires, & de tous deſpens dommages & intereſts, comme il eſt contenu és lettres, données à Paris le 9. Mars, mil ſix cens trente-quatre.

Par le Roy en ſon Conſeil

FARDOII.

Acheué d'imprimer le treiſieſme iour de Mars mil ſix cens trente-quatre.

ACTEVRS.

PHILISTE *amant de Clarice.*

ALCIDON *amy de Philiste, & amant de Doris.*

CELIDAN *amy d'Alcidon, & Amoureux de Doris.*

CLARICE *Vefue d'Alcandre, & maiftreffe de Philiste.*

CRYSANTE *mere de Doris.*

DORIS *fœur de Philiste.*

LA NOVRRICE *de Clarice.*

GERON *agent de Florange, amoureux de Doris qui ne paroift point.*

LYCAS *domeftique de Philiste.*

POLYMAS
DORASTE *domeftiques de Clarice.*
LISTOR

LA VEFVE.

LA VEFVE

OV LE
TRAISTRE
TRAHI.

Comedie.

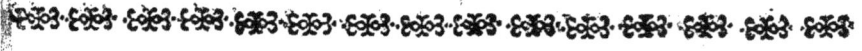

ACTE PREMIER.
SCENE PREMIERE.
PHILISTE. ALCIDON.
PHILISTE.

DI ce que tu voudras, chacun a sa me-
ALCIDON.   [thode.
Mais la tienne pour moy seroit fort incommode:
Mon cœur ne pourroit pas conseruer tant de feu,
S'il falloit que ma bouche en tesmoignast si peu:

A

Depuis pres de deux ans tu bruſles pour Clarice
Et plus ton amour croiſt, moins elle en a dindice.
Il ſemble qu'a languir tes deſirs ſont contents,
Et que tu nas pour but que de perdre ton temps,
Quel fruict eſpere tu de ta perſeuerance
A la traicter touſiours auec indifference?
Aupres d'elle aſſidu ſans luy parler d'amour,
Veux tu qu'elle commence à te faire la cour?

PHILISTE.

Non pas, mais pour le moins ie veux qu'elle de-
ALCIDON.   [uine

C'en eſt trop preſumer, cette beauté diuine
Auec iuſte raiſon prend pour ſtupidité
Ce qui n'eſt qu'vn effet de ta timidité.

PHILISTE.

Mais as tu remarqué que Clarice me fuye;
Qu'indifferent qu'il eſt mon entretien l'ennuye;
Que ie luy ſois à charge, & lors que ie la voy
Qu'elle vſe d'artifice à s'eſchapper de moy?
Sans te mettre en ſoucy du feu qui me conſomme
Appren côme l'amour ſe traicte en hôneſte hôme,
Auſſi toſt qu'vne Dame en ſes retz nous a pris
Offrir noſtre ſeruice au hazard d'vn mepris,

Et nous laissant conduire a nos brusques saillies
Au lieu de nostre amour luy monstrer nos folies,
Qu'vn superbe desdain punisse au mesme instãt,
Il n'est si mal adroict qui n'en sit bien autant.
Il faut s'en faire aimer auant qu'on se declare,
Nostre submißion à l'orgueil la prepare.
Luy dire incontinent son pouuoir souuerain
C'est mettre à sa rigueur les armes à la main:
Vsons pour estre aymez d'vn meilleur artifice,
Sans en rien protester rendons luy du seruice,
Réglons sur son humeur toutes nos actions,
Aiustons nos desseins à ses intentions,
Tant que par la douceur d'vne longue hantise
Comme insensiblement elle se trouue prise.
C'est par la que l'on seme aux Dames des appas
Qu'elles n'euitent point ne les preuoyant pas.
Leur haine enuers l'amour pouroit estre vnprodi-
Que le seul nom les choque & l'effet les oblige. [ge

ALCIDON.

Suiue qui le voudra ce nouueau procedé,
Mon feu me desplairoit d'estre ainsi gourmãdé.
Ne parler point d'amour! pour moy ie me deffie
Des fantasques raisons de ta Philosophie.

A ij

Ce n'eſt pas la mon ieu ; le ioly paſſetemps
D'eſtre aupres d'vne Dame, & cauſer du beau-
   temps,
Luy iurer que Paris eſt touſiours plain de fange,
Qu'vn certain parfumeur vend de fort bõne eau
   d'Ange.
Qu'vn Caualier regarde vn autre de trauers,
Que dans la Comedie on dit d'aſſez bons vers,
Qu'vn tel dedans le mois d'vne telle s'accorde!
Touche, pauure abuſé, touche la groſſe corde,
Conte ce qui te meine, & ne t'amuſe pas
A perdre ſottement tes diſcours & tes pas.

PHILISTE.

Ie les aurois perdus aupres de ma maiſtreſſe
Si ie n'euſſe employé que la commune adreſſe,
Puis qu'ineſgal de biens & de condition
Ie ne pouuois pretendre à ſon affection.

ALCIDON.

Mais ſi tu ne les perds ie le tiens à miracle,
Veu que par la ton feu rencontre vn double ob-
   ſtacle,
Et qu'ainſi ton ſilence & l'innégalité,
S'oppoſent a la fois a ta temerité.

COMEDIE.

PHILISTE.

Croy que de la façon que i'ay sceu me conduire
Mon silence n'est pas en estat de me nuire,
Mille petits deuoirs ont trop parlé pour moy,
Ses regards chaque iour m'asseurent de sa foy,
Ses soupirs & les miens font vn secret langage
Par ou son cœur au miẽ à tous momẽts s'engage,
Nos vœux, quoyque muets, s'entẽdent aisement,
Et quãd quelques baisers sõt deus par cõpliment

ALCIDON.

Ie m'imagine alors qu'elle ne t'en denie ?

PHILISTE.

Mais ils tiennent bien peu de la ceremonie;
Parmy la bien-seance il m'est aisé de voir
Que l'amour me les donne autant que le deuoir.
En cette occasion c'est vn plaisir extrême
Lors que de part & d'autre vn couple qui s'en-
traime,
Abuse dextrement de cette liberté,
Que permettent les loix de la ciuilité,
Et que le peu souuent que ce bon-heur arriue
Picquant nostre appetit rend sa pointe plus viue:
Nostre flame irritée en croist de iour en iour.

A iij

ALCIDON.

Tout cela cependant sans luy parler d'amour?

PHILISTE.

Sans luy parler d'amour.

ALCIDON.

I'estime ta science.

Mais i'aurois a l'espreuue vn peu d'impatience.

PHILLISTE.

Le Ciel qui bien souuent nous choisit des partis
A tes feux & les miens prudemment assortis,
Et comme a ces longueurs t'ayant fait indocile
Il te donne en ma sœur vn naturel facile,
Ainsi pour cette Vefue il voulut m'enflamer
Apres m'auoir donné par ou m'en faire aymer.

ALCIDON.

Mais il luy faut en fin descouurir ton courage.

PHILISTE.

C'est ce qu'en ma faueur sa Nourrice mesnage,
Cette vieille subtile à mille inuentions
Pour m'aduancer au but de mes intentions,
Elle m'aduertira du temps que ie dois prendre,
Le reste vne autrefois se pourra mieux appren-
Adieu.   [dre,

ALCIDON.

La confidence auec vn bon amy
Iamais sans l'offencer ne s'exerce a demy.

PHILISTE.

Vn interest d'amour me prescrit ces limites,
Ma maistresse m'attend pour faire des visites
Ou ie luy promis hier de luy prester la main.

ALCIDON.

Adieu donc cher Philiste.

PHILISTE.

Adieu iusqu'a demain.

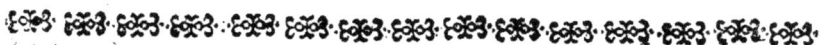

ACTE I.

SCENE II.

ALCIDON. LA NOVRRICE

ALCIDON.

Vit-on iamais amant de pareille imprudē-
Auecque son riual traiter de cõsidēce [ce
Simple, apprē que ta sœur n'aura iamais dequoy
Asseruir soubs ses loix des gens fais cõme moy,
Qu'alcidon feint pour elle, & brusle pour Clarice,
Ton agente est a moy, N'est il pas vray nourrice,

A iiij

LA NOVRRICE

Lab elle question ! quoy?

ALCIDON.

Que Philiste

LA NOVRRICE.

Et bien?

ALCIDON.

C'est en toy qu'il espere.

LA NOVRRICE.

Ouy, mais il ne tient rien.

ALCIDON.

Tu luy promets pourtant?

LA NOVRRICE.

C'est par ou ie l'amuse.

Tant que tes bõs succés luy descouurẽt ma ruse.

ALCIDON.

Je le viens de quitter.

LA NOVRRICE.

Et bien que t'a t'il dit?

ALCIDON.

Que tu veux employer pour luy tout ton credit

Et que rendant tousiours quelque petit seruice

Il s'est fait vne entrée en l'ame de Clarice.

LA NOVRRICE.

Moindre qu'il ne presume, & toy?

ALCIDON.

Je l'ay pousé
A s'enhardir vn peu plus que par le passé,
Et descouurir son mal à celle qui le cause.

LA NOVRRICE.

Pourquoy?

ALCIDON.

Pour deux raisons, l'vne qu'il me propose
Ce qu'il a sur le cœur beaucoup plus librement,
L'autre que ta maistresse apres ce compliment
Le chassera peut estre ainsi qu'vn temeraire.

LA NOVRRICE.

Ne l'enhardy pas tant i'aurois peur du côtraire
Que malgré tes raisons quelque mal ne t'en prit
Ce riual d'asseurance est bien dans son esprit,
Mais non pas tellemêt qu'auât que le mois passe
Nous ne le sçachions mettre en sa mauuaise

ALCIDON.   [grace.

Et lors?

LA NOVRRICE.

Je te respons de ce que tu cheris,

Cependant continuë à caresser Doris,
Que son frere esblouy par cette accorte feinte
De ce que nous brassons n'ait ny soupçon, ny
       ALCIDON.   [crainte.

A m'en ouyr conter, L'amour de Celadon
N'eut iamais rien d'esgal à celuy d'Alcidon,
Tu rirois trop de voir comme ie la caiolle.

      LA NOVRRICE.

Et la dupe qu'elle est croit tout sur ta parolle?

      ALCIDON.

Ceste ieune estourdie est si folle de moy
Qu'elle prend chaque mot pour article de foy,
Et son frere pipé du fard de mon langage
Qui croit que ie soupire apres son mariage
Pensant biẽ m'obliger m'en parle tous les iours,
Mais quand il en vient là ie sçay bien mes de-
    stours,
Tãtost veu l'amitié qui tous deux nous assemble
I'attendray son hymen pour estre heureux en-
    semble,
Tantost il faut du temps pour le consentement,
D'vn oncle dont i'espere vn bon aduancement,
Tantost ie sçay trouuer quelque autre bagatelle.

LA NOVRRICE.

Separons nous de peur qu'il entraſt en ceruelle
S'il auoit deſcouuert vn ſi long entretien,
Ioüe auſſi bien ton ieu que ie ioüeray le mien.

ALCIDON.

Nourrice, ce n'eſt pas ainſi qu'on ſe ſepare.

LA NOVRRICE.

Monſieur vous me iugeZ d'vn naturel auare.

ALCIDON.

Tu veilleras pour moy d'vn ſoin plus diligent.

LA NOVRRICE.

Ce ſera dõc pour vous plus que pour voſtre argẽt

ACTE I.

SCENE III.
CRISANTE. DORIS.
CRYSANTE.

C'Eſt trop de ſaduoüer vne ſi belle flame,
Qui n'a rien de honteux rien de ſuiet au
blaſme,
Confeſſe-le ma fille, Alcidon à ton cœur,

Ses rares qualitez l'en ont rendu vainqueur
Ne vous entr'appeller que mon ame & ma vie,
C'est mõstrer que tous deux vous n'auez qu'vr e
enuie,
Et que d'vn mesme trait vos esprits sont blessez.

DORIS.

Madame, il n'en va pas ainsi que vous pensez,
Mon frere ayme Alcidon, & sa priere expresse
M'oblige à luy respõdre en termes de maistresse
Ie me fais comme luy souuent toute de feux,
Mais mon cœur se conserue au point ou ie le veux
Tousiours libre, & qui garde vne amitié sincere
A celuy que voudra me prescrire vne mere.

CRYSANTE.

Ouy, pourueu qu' Alcidon te soit ainsi prescrit.

DORIS.

Madame, peußiés vous lire dans mon esprit,
Vous verriés iusque ou va ma pure obeissance.

CRYSANTE.

Ne crain pas que ie veuille vser de ma puissance,
Ie croirois en produire vn trop cruel effet
Si ie te separois d'vn amant si parfait.

DORIS.

Vous le cognoiffez mal, fon ame à deux vifages
Et ce diſsimulé n'eſt qu'vn conteur à gages,
Il a beau m'accabler de proteſtations
Ie demeſle aiſement toutes ſes fictions,
Ainſi qu'il me les baille, ainſi ie les renuoye,
Nous nous entrepayons d'vne meſme monnoye,
Et malgré nos diſcours mon vertueux deſir
Attẽd touſiours celuy que vous voudrez choiſir;
Voſtre vouloir du mien abſolument diſpoſe.

CRYSANTE.

L'eſpreuue en fera foy. Mais parlons d'autre
    choſe,
Nous viſmes hier au bal entre autres nouueau-
    tez.
Tout plein d'honneſtes gens careſſer les beautez

DORIS.

Ouy Madame, Alindor en vouloit à Celie,
Lyſandre à Celidee, Oronte à Roſelie.

CRYSANTE.

En nommant celles cy tu caches finement
Qu'vn certain t'entretint aſſez paiſiblement.

DORIS.

Ce visage inconnu qu'on appelloit Florange?

CRYSANTE.

Luy mesme.

DORIS.

Ah Dieu! que c'est vn caioleur estrange;
Ce fut paisiblement de vray qu'il m'entretint.
Soit que quelque raison secrette le retint,
Soit que son bel esprit me iugeast incapable
De luy pouuoir fournir vn entretien sortable,
Il m'espargna si bien que ses plus longs propos
A grand peine en vne heure estoient de quatre
    mots,
Il me mena dancer deux fois sans me rien dire.

CRYSANTE.

Ouy, mais apres?

DORIS.

Apres? c'est bien le mot pour rire,
Mon baladin muet se retire en vn coing,
Content de m'enuoyer des œillades de loing,
En fin apres m'auoir long temps consideree,
Apres m'auoir de l'œil mille fois mesurée,
Il m'aborde en tremblant auec ce compliment,

Vous m'attirez à vous ainsi que fait l'Aymant,
(Il pensoit m'auoir dit le meilleur mot du möde)
Entendant ce haut stile aussi tost ie seconde
Et respons brusquement sans beaucoup m'es-
    mouuoir,
Vous estes donc de fer à ce que ie puis voir,
Apres ceste responfe, il eut don de silence,
Surpris (comme ie croy) par quelque defaillance.
Depuis il s'aduisa de me serrer les doigts
Et retrouuant vn peu l'vsage de la voix
Il prit vn de mes gands, la mode en est nouuelle
(Me dit-il) & iamais ie n'en vis de si belle,
Vous portés sur le sein vn mouchoir fort carré,
Vostre éuantail me plaist d'estre ainsi bigarré,
L'amour ie vous asseure est vne belle chose ,
Vrayement vous aymez fort cette couleur de
    rose,
La ville est en hyuer toute autre que les chäps.
Les charges à present n'ont que trop de mar-
    chands,
On n'en peut approcher.

      CRYSANTE.

      Mais enfin que t'en semble?

DORIS.

Ie n'ay iamais cogneu d'hôme qui luy reſemble,
Ni qui meſle en diſcours tant de diuerſitez.

CRYSANTE.

Il eſt nouueau venu des vniuerſitez.
Au demeurant fort riche, & que la mort d'vn
Sãs deux ſucceßiõs encores qu'il eſpere,   [pere,
Comble de tant de biens, qu'il n'eſt fille auiour-
   d'huy
Qui ne luy rie au nez, & n'ait deſſein ſur luy.

DORIS.

Auſſi me contez vous de beaux traits de viſage.

CRYSANTE.

Et bien, auec ces traits eſt il à ton vſage?

DORIS.

Ie douterois pluſtoſt ſi ie ſerois au ſien.

CHRYSANTE.

Ie ſçay qu'aſſeurement il te veut force bien,
Mais il te le faudroit plus ſage & plus accorte
Receuoir deſormais vn peu d'vne autre ſorte.

DORIS.

Cõmandés ſeulement Madame, & mon deuoir
Ne negligera rien qui ſoit en mon pouuoir.

CHRY-

CRYSANTE.

Ma fille te voilà telle que ie souhaitte,
Pour ne te rien celer, c'est chose qui vaut faite,
Geron qui depuis peu fait icy tant de tours
Au desceu d'vn chacun a traité ces amours,
Et puis qu'à mes desirs ie te voy resoluë,
Ie veux qu'auant deux iours l'affaire soit con-
    cluë,
Au regard d'Alcidon tu dois continuer,
Et de ton beau semblant ne rien diminuer.

DORIS.

Mon frere qui croira sa poursuite abusée
Sans doute en sa faueur brouillera la fusée.

CRYSANTE.

Il n'est pas si mauuais que l'on n'ē vienne à bout.

DORIS

Madame aduisez y, ie vous remets le tout.

CRYSANTE.

Rentre, voicy Geron de qui la conference
Doibt rompre, ou nous donner vne entiere as-
    seurance,

B

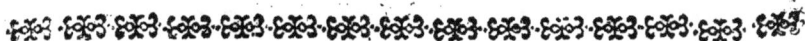

ACTE I.

SCENE IIII.

CRISANTE. GERON.
CRYSANTE.

ILs se sont veus en fin ?

GERON.

Ie l'auois desia sceu
Madame, & les effets ne m'en ont pas deceu,
Au moins quand à Florange.

CRYSANTE.

Et bien, mais qu'est-ce encoré,
Que dit-il de ma fille ?

GERON.

Ha ! Madame, il l'adore,
Il n'a point encor veu de miracles pareils,
Ses yeux à son aduis sont autant de Soleils ;
L'enfleure de son sein vn double petit monde,
C'est le seul ornement de la machine ronde,
L'amour à ses regards allume son flambeau,
Et souuent pour la voir il oste son bandeau,

Diane n'eut iamais vne si belle taille,
Aupres d'elle Venus ne seroit rien qui vaille,
Ce ne sont riē que Lys, & Roses que son teint,
En fin de ses beautez il est si fort atteint.

CRYSANTE.

Atteint! ah mon amy ce sont des resueries
Il s'en mocque en disant de telles niaiseries.

GERON.

Madame, ie vous iure il peche innocemment,
Et s'il sçauoit mieux dire, il diroit autrement,
C'est vn homme tout neuf, que voulez vous qu'il
    fasse?
Il dit ce qu'il a leu. Iugés pour Dieu de grace
Plus fauorablement de son intention,
Et pour mieux vous monstrer où va sa passion,
Vous sçauez les deux points (mais aussi ie vous
    prie,
Vons ne luy direz pas cette supercherie.)

CRYSANTE.

Non, non.

DORIS.

    Vous sçauez donc les deux difficultez
Qui iusqu'à maintenant nous tiennent arrestés.

B iŋ

CRYSANTE.

Il veut son aduantage , & nous cherchons le
noftre.

GERON.

Va Geron (ma-t'il dit) & pour l'vn & pour
l'autre,
Si par dexterité tu n'en peux rien tirer,
Accorde tout pluftoft que de plus differer;
Doris eft à mes yeux de tãt d'attraits pourrueuë,
Qu'il faut bien qu'il m'en coufte vn peu pour
l'auoir veuë,
Mais qu'en dit voftre fille?

CRYSANTE.

Ainfi que ie voulois
Elle fe monftre prefte à receuoir mes loix.
Non quelle en face eftat plus que de bõne forte,
Il fuffit qu'elle voit ce que le bien apporte,
Et qu'elle s'accommode aux folides raifons
Qui forment à prefent les meilleures maifons.

GERON.

A ce cõte c'eft fait , quand voulez vous qu'il
vienne
Defgager ma parole, & vous donner la fienne?

CRYSANTE.

Deux iours me suffirõt mesnagez dextremẽt,
Pour disposer mon fils à mon contentement.
Durant ce peu de temps si son ardeur le presse
Il peut hors du logis rencontrer sa maistresse,
Assez d'occasions s'offrent aux amoureux.

GERON.

Madame, que d'vn mot ie le vay rendre heureux :

ACTE I.

SCENE V.

PHILISTE. CLARICE
PHILISTE.

LE bon-heur conduisoit auiourd'huy nos vi-
tes
Et sembloit rendre hommage à vos rares merites,
Vous auez rencontré tout ce que vous cher-
chiez.

B. iij

CLARICE.

Ouy, mais n'eſtimeZ pas qu'ainſi vous m'em-
    peſchieZ.
De vous dire à preſent que nous faiſõs retraite,
Combien de chez Daphnis ie ſors mal ſatisfai-
                PHILLISTE.   [te.

Madame toutefois elle a fait ſon pouuoir,
Au moins en apparence à vous bien receuoir.

CLARICE.

Auſſi ne penſeZ pas que ie me plaigne d'elle.

PHILISTE.

Sa compagnie eſtoit ce me ſemble aſſez belle?

CLARICE.

Que trop belle à mon gouſt, & que ie penſe au
    tien.
Deux filles poſſedoient ſeules ton entretien,
Et ce que nous eſtions de femmes meſpriſées
Nous ſeruons cependant d'obiets à vos riſées.

PHILISTE.

C'eſt maintenant, Madame, aux voſtres que
    i'en ſers,
Auec tant de beautez, & tant d'eſprits diuers,

Ie ne vallus iamais qu'on me trouuast à dire.

CLARICE.

Auec ces bons esprits ie n'estois qu'en martire.

Leur discours m'assassine, & n'a qu'vn certain ieu

Qui m'estourdit beaucoup, & qui me plaist fort peu.

PHILISTE.

Celuy que nous tenions me plaisoit à merueilles.

CLARICE.

Tes yeux s'y plaisoient bien autant que tes oreilles?

PHILISTE.

Ie ne le peux nier, puisqu'en parlant de vous

Sur les vostres mes yeux se portoient à tous coups

Et s'en alloient chercher sur ce visage d'Ange

Mille suicts nouueaux d'eternelle loüange.

CLARICE.

O la subtile ruse! ô l'excellent destour,

Sans doute vne des deux te donne de l'amour?

Mais tu le veux cacher.

B iiij

PHILISTE

De l'amour ! moy, Madame,

Que pour vne des deux l'amour m'entraſt dans
    l'ame ?

Croyez moy s'il vous plaiſt que mon affeĉtion

Voudroit pour s'enflammer plus de perfeĉtion.

CLARICE.

Tu trắches du faſcheux, Belinde & Cryſolite

M'ắquết dŏc à ton gré d'attraits, & de merite,

Elles dont les beautez captiuent mille amants ?

PHILILTE

Quelqu'autre trouueroit leurs viſages char-
    mants,

Et i'en ferois eſtat ſi le Ciel m'euſt fait naiſtre

D'vn malheur aſſez grand pour ne vous pas
    cognoiſtre ;

Mais l'honneur de vous voir que vous me per-
    mettez

Fait que ie n'y remarque aucunes raretez,

Veu que ce qui feroit de ſoy-meſme admirable,

A peine aupres de vous demeure ſupportable.

CLARICE.

On ne m'esblouyt pas à force de flatter ;

Reuenons aux propos que tu veux éuiter,
Ie veux sçauoir des deux laquelle est ta mai-
  stresse,
Ne dissimule plus, Philiste, & me confesse.

PHLISTE.

Que Crysolite & l'autre esgales toutes deux
N'ont rien d'assez puissant pour attirer mes
  vœux.
Si blessé des regards de quelque beau visage
Mon cœur de sa franchise auoit perdu l'vsage

CLARICE.

Tu serois assez fin pour bien cacher ton ieu.

PHILISTE.

C'est ce qui ne se peut, l'amour est tout de feu,
Il esclaire en bruslant & se trahit soy-mesme:
L'esprit d'vn amoureux absent de ce qu'il ayme
Par sa maunaise humeur fait trop voir ce qu'il
  est,
Tousiours morne, resueur, triste, tout luy des-
  plaist,
A tout autre propos qu'a celuy de sa flame
Le silence à la bouche, & le chagrin en l'ame;

Son œil semble a regret nous donner ses regards,
Et les iette a la fois souuent de toutes parts,
Qu'ainsi sa fonction confuse & mal guidée
Se rameine en soy mesme, & ne voit qu'vne idée.
Mais aupres de l'obiect qui possede son cœur,
Ses esprits ranimés reprennent leur vigueur :
Gay, complaisant, actif,

CLARICE.

En fin que veux-tu dire?

PHILISTE.

Que par ces actios que ie viens de descrire [cher,
vous de qui i'ay l'honneur chaque iour d'appro-
Iugiez pour quels obiets l'amour m'a sceu tou-

CLARICE.   [cher,

Pour faire vn iugement d'vne telle importance
Il faudroit plus de temps adieu, la nuict s'auãce,
Te verra ton demain?

PHILISTE.

Madame en doutez vous?

Iamais commandemens ne me furent si doux,
Puisque loin de vos yeux, ie n'ay riẽ qui me plaise,
Tout me deuient fascheux, tout s'oppose à mon
Vn chagrin eternel triomphe de mes sens. [aise,

CLARICE.

Si (comme tu diſois) dans le cœur des abſents
C'eſt l'amour qui fait naiſtre vne telle triſteſſe,
Ce cõpliment n'eſt bon que vers vne maiſtreſſe.

PHILISTE.

Souffrez le d'vn reſpect qui produit chaque iour
Pour vn ſuiet ſi haut les effects de l'amour.

ACTE I.

SCENE VI.

CLARICE.

LAs ! il m'en dit aſſez, ſi ie l'oſois entendre
Et ſes deſirs aux miens ſe font aſſez cõ-
prendre.
Mais pour nous declarer vne ſi belle ardeur
L'vn eſt muet de crainte, & l'autre de pudeur.
Que mon rang me deſplaiſt ! que mon trop de
fortune
Au lieu de m'obliger me choque & m'importu-
ne !
Eſgale a mon Philiſte ; il m'offriroit ſes vœux
Ie m'entendrois nommer le ſuiet de ſes feux.

Et ses discours pourroient forcer ma modestie
A l'asseurer bien tost de nostre sympathie,
Mais le peu de rapport de nos conditions
Oste le nom d'amour à ses submißions,
Et soubs l'iniuste loy de ceste retenuë
Le remede me manque & mon mal continuë.
Il me sert en esclaue, & non pas en amant,
Tant mon grade s'oppose à mon contentement.
Ha! que ne deuient il vn peu plus temeraire!
Que ne s'expose-t'il au hazard de me plaire!
Amour gaigne à la fin ce respect ennuyeux,
Et rends le moins timide, ou l'oste de mes yeux.

ACTE SECOND.

SCENE PREMIERE.

PHILISTE.

STANCES.

*S*ecrets tyrans de ma pensée,
Respect, amour, de qui les loix
D'vn iuste & fascheux contrepoids
La tiennent tousiours balancée,
Vos mouuements irresolus,
Ont trop de flux & de reflus,
L'vn m'esleue, & l'autre m'atterre,
L'vn nourrit mô espoir, & l'autre ma langueur.
N'auez vous point ailleurs où vous faire la
   guerre,
Sans ainsi vous combattre aux despens de mon
   cœur ?

Moy mesme ie fay mon supplice
A force de vous obeyr,
Mais le moyen de vous hayr,
Vous venez vous deux de Clarice?
Vous m'en entretenez tous deux,
Et formez ma crainte & mes vœux
Pour ce bel œil qui vous fait naistre,
Et de deux flots diuers mon esprit agite,
Plein de glace & d'vn feu qui n'oseroit paroi=
    stre,
Blasme sa retenue & sa temerité.

Mon ame dans cet esclauage
Fait des vœux qu'elle n'ose offrir,
I'ayme seulement pour souffrir,
I'ay trop, & trop peu de courage:
Ie voy bien que ie suis aymé,
Et que l'obiet qui ma charmé,
Vit en de pareilles contraintes,
Mon silence à ses feux fait tant de trahison
Qu'impertinent captif de mes friuoles craintes
Pour accroistre son mal ie fuy ma guerison.

Elle bruſle & par quelque ſigne
Quelle me deſcouure ſon cœur,
Ie le prens pour vn trait mocqueur
D'autant que ie m'en trouue indigne.
Eſpoir à Dieu c'eſt trop flatté
Ne croy pas que cette beauté.
Aduoüaſt des flammes ſi baſſes,
Et par le ſoin exact quelle a de les cacher
Appren que ſi Philiſte eſt en ſes bonnes graces
Sa bouche à ſon eſprit n'oſe le reprocher.

Pauure amant, voy par ſon ſilence
Qu'elle t'en commande vn eſgal,
Et que le recit de ton mal
Te conuaincroit d'vne inſolence.
Quel fantaſque raiſonnement,
Et qu'au milieu de mon tourment
Ie deuiens ſubtil à ma peine!
Pourquoy m'imaginer qu'vn diſcours amou-
reux,
Par vn côtraire effet chãge vn amour en haine,
Et malgré mon bon-heur me rende malheureux?

[bell

Mais i'apperçoy Clarice, ô Dieux ? si cette
Parloit autant de moy que ie m'entretiens d'elle
Du moins si sa nourrice a soin de nos amours
C'est de moy qu'à preset doit estre leur discours
Ie ne sçay quelle humeur curieuse m'emporte
A me couler sans bruit dans la prochaine porte,
Pour escouter de l'â sans en estre apperceu.
En quoy mon fol espoir me peut auoir deceu.
Saiuros nous ceste ardeur? suiuos à la bône heure,
Iamais l'occasion ne s'offrira meilleure,
Et peut estre qu'en fin nous en pourrons tirer
Celle que nostre amour cherche a se declarer.

ACTE II.

CLARICE. LA NOVRRICE.
CLARICE.

TV me veux destourner d'vne seconde flame,
Dont ie ne pêse pas qu'autre que toy me blasme,

Estre

Estre Vefue à mon âge, & toufiours fouffirer
La perte d'vn mary que ie peux reparer,
Refufer d'vn amant ce doux nom de maiftreffe,
N'auoir que des mefpris pour les vœux qu'il m'a-
    dreffe,
Le voir toufiours languir deffoubs ma dure loy
Cette vertu, Nourrice, eft trop haute pour moy.

LA NOVRRICE.

Madame, mon aduis au voftre ne refifte
Qu'entant que voftre ardeur fe porte vers Phi-
    lifte,
Aymés, aymés qu'elqu'vn, mais comme à l'au-
    trefois
Qu'vn lieu digne de vous arrefte voftre choix.

CLARICE.

Brife là ce difcours dont mon amour s'irrite,
Philifte n'en voit point qui le paffe en merite.

LA NOVRRICE.

Ie ne remarque en luy rien que de fort commun
Sinon qu'il eft vn peu plus qu'vn autre importû.

CLARICE

Que ton aueuglement en ce point eft extreme!
Et que tu cognois mal & Philifte & moy mefme,

C

Si tu crois que l'excés de sa ciuilité.

Passe iamais chez moy pour importunité?

LA NOVRRICE.

Ce caioleur rusé qui tousiours vous assiege

A tant fait qu'à la fin vous tõbés dans son piege.

CLARICE.

Ce Caualier parfait de qui ie tiens le cœur

A tant fait que du mien il s'est rendu vainqueur

LA NOVRRICE.

Il ayme vostre bien & non vostre personne.

CLARICE.

Son vertûeux amour l'vn & l'autre luy donne,

Ce m'est trop d'heur encor dans le peu que ie

vaux.

Qu'vn peu de biẽ que i'ay supplée à mes defauts

L'A NOVRRICE. [laiss

La memoire d'Alcandre & le rang qu'il vou

Voudroient vn successeur de plus haute nobless

CLARICE.

Il preceda Philiste en vaines dignitez

Et Philiste le passe en rares qualités,

Il est né Gentilhomme, & sa vertu repare

Tout ce dont la fortune enuers luy fust auare

Elle & moy nous auõs trop dequoy l'agrandir

LA NOVRRICE.

Helas ! ſi vous pouuiez vn peu vous refroidir
Pour le conſiderer auec indifference,
Sans prendre pour merite vne fauſſe apparence,
La raiſon feroit voir à vos yeux inſenſés
Que Philiſte n'eſt pas tout ce que vous penſés.
Madame croyés moy i'ay vielly dans le monde,
I'ay de l'experience, & c'eſt ou ie me fonde,
Eſloignés s'il vo⁹ plaiſt quelque tẽps ce charmeur,
Faites en ſon abſence eſſay d'vn autre humeur,
Pratiqués en quelque autre, & deſ-intereſſée
Comparés luy l'obiet dont vous eſtes bleſſée,
Comparés en l'eſprit, la façon, l'entretien,
Et lors vous trouuerés qu'vn autre le vaut bien.

CLARICE.

Exercer contre moy de ſi noirs artifices !
Donner à mon amour de ſi cruels ſupplices !
Trahir ainſi mon aiſe ! eſteindre vn feu ſi beau !
Qu'on m'enferme pluſtoſt toute viue au tõbeau.
Va querir mon amant, deuſſay-ie la premiere
Luy faire de mon cœur vne ouuerture entiere,
Ie ne permettray pas qu'il ſorte d'auec moy
Sans auoir l'vn à l'autre engagé noſtre foy.

LA NOVRRICE.

Ne precipitez point ce que le temps mefnagé,
Vous pourrez à loifir efprouuer fon courage.

CLARICE.

Ne m'importune plus de tes confeils maudits,
Et fans me repliquer fay ce que ie te dis.

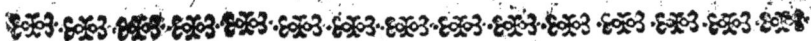

ACTE II.

SCENE III.

PHILISTE. LA NOVRRICE

PHILISTE.

IE te feray crâcher cette langue traiftreffe ,
Eft - ce ainfi qu'on me fert aupres de ma mai-
Deteftable forciere?   [ftreffe,

LA NOVRRICE.

Et bien, quoy ? qu'ay ie fait?

PHILISTE.

Et tu doutes encor ſi i'ay vêu ton forfait?
Monftre de trahifons, horreur de la nature,
Viença que ie t'eftrangle.

LA NOVRRICE.

Ah , ah.

PHILISTE

Crache , pariure,

Ton ame abominable , & que l'enfer attend ,

LA NOVRRICE.

De grace quatre mots , & tu feras content.

PHILISTE.

Et ie feray content ! qui te fait fi hardie

D'adiouster l'impudence a tant de perfidie ?

LA NOVRRICE.

Tenir ce qu'on promet eft-ce vne trahifon ?

PHILISTE.

Eft-ce ainfi qu'on le tient ?

LA NOVRRICE.

Parlons auec raifon,

Que t'auois-ie promis ?

PHILISTE.

Que de tout ton poffible

Tu rendrois ta maiftreffe à mes defirs fenfible ,

Et la difpoferois à receuoir mes vœux.

LA NOVRRICE.

Et quoy ? n'eft-elle pas au point ou tu la veux ?

PHILISTE.

Malgré toy mõ bon-heur à ce point l'a reduite.

LA NOVRRICE.

Mais tu dois ce bon-heur à ma sage conduite ;
Ieune, & simple nouice en matiere d'amour,
Qui ne sçaurois comprédre encor vn si bon tour,
Flatter de nos discours les passions des Dames
C'est ayder laschemët à leurs naissantes flames,
C'est traiter lourdement vn delicat effet,
C'est ny sçauoir enfin que ce que chacun sçait.
Moy qui de ce mestier ay la haute science,
Et qui pour te seruir brusle d'impatience,
Par vn chemin plus court qu'vn propos côplaisât
I'ay sceu croistre sa flame en la contredisant,
I'ay sceu faire esclatter auecques violence,
Vn amour estouffé soubs vn honteux silence,
Et n'ay pas tant choqué que picqué ses desirs
Dont la soif irritée auance tes plaisirs.

PHILISTE.

Qui croira ton babil la ruse est merueilleuse,
Mais l'espreuue à mon goust en est fort perilleu-

LA NOVRRICE. [se.

Iamais il ne s'est veu de tours plus asseurés.

La raison & l'amour sont ennemis iurés.
Et lors que ce dernier dans vn esprit commande
Il ne peut endurer que l'autre le gourmande,
Plus la raison l'attaque & plus il se roidit,
Plus elle l'intimide & plus il s'enhardit.
Mais ie vous parle en vain, vos yeux & vos
   oreilles
Vous sõt de bõs tesmoins de toutes ces merueilles
Vous mesme auez tout veu que voulés vous de
entrés, on vous attẽd, ces discours superflus [plus,
Reculent vostre bien & font languir Clarice,
Allés, allés cueillir les fruits de mon seruice,
Vsez bien de vostre heur & de l'occasion.

PHILISTE.

Soit vne verité, soit vne illusion,
Que ton subtil esprit employe à ta defence,
Le mien de tes discours plus outre ne s'offence,
Et i'en estimeray mon bon-heur plus parfait,
Si d'vn mauuais dessein il tire vn bon effet.

LA NOVRRICE.

Que de propos perdus! voyés l'impatience
Qui ne peut plus souffrir vne si longue attente.

ACTE II.

SCENE IV.

CLARICE. PHILISTE. LA NOVRRICE.

CLARICE.

Paresseux qui tardés si long temps à venir,
Deuinez la façon dõt ie veux vous punir.

PHILISTE.

M'interdiriez vous biẽ l'hõneur de vostre veuë

CLARICE.

Vrayement vous me iugez de sens fort des-
pourueuë,
Vous bannir de mes yeux! vne si dure loy
Feroit trop retomber le chastiment sur moy,
Et ie n'ay pas failly pour me papir moy mesme.

PHILISTE.

L'absence ne fait mal que de ceux que l'õ ayme.

CLARICE.

Aussi que sçauez vous si vos perfections,

Ne vous ont rien acquis sur mes affections ?

PHILISIE.

Madame excusez moy, ie sçay mieux reco-
gnoistre

Mes defauts, & le peu que le Ciel m'a fait
naistre.

CLARICE.

N'oubliés vous iamais ces termes raualés

Pour vous priser de bouche autant que vous
vallés;

Seriez vous bien content qu'on creust ce que
vous dites ?

Demeurés auec moy d'accord de vos merites,

Laissés moy me flatter de ceste vanité

Que i'ay quelque pouuoir sur vostre liberté,

Et qu'vne humeur si froide, a toute autre inuin-
cible,

Ne perd qu'aupres de moy le tiltre d'insensible,

Vne si douce erreur tasche à s'authoriser,

Quel plaisir prenez vous à m'en desabuser?

PHILISTE.

Ce n'est point vne erreur pardonnez moy,
Madame,

Ce font les mouuements les plus fains de mon
 ame,

Il eft vray, ie vous ayme & mes feux indif-
 crets

Se donnent leur fupplice en demeurant fecrets,

Ie reçoy fans contrainte vn amour temeraire,

Mais fi i'ofe brufler, außi fçay-ie me taire.

Et pres de voftre obiet mon vnique vainqueur

Ie puis tout fur ma langue, & rien deffus mon
 cœur.

En vain i'auois appris que la feule efperance

Entretenoit l'amour dans la perfeuerance,

I'ayme fans efperer, & ie ne me promets

Aucun loyer d'vn feu qu'on n'efteindra iamais.

L'amour deuient feruile alors qu'il fe propofe

Le feul efpoir d'vn prix pour fon but & fa
 caufe,

Ma flame eft toute pure & fans rien prefu-
 mer

Je ne cherche en aymant, que le feul bien d'aymer.

CLARICE.

Et celuy d'eftre aymé que tu le pretendes.

Preuiendra tes desirs & tes iustes demandes.
Ne desguisons plus rien, mon Philiste, il est
   temps
Qu'vn adueu mutuel rende nos feux contents,
Donnons leur ie te prie, vne entiere asseurance,
Vangeons nous à loisir de nostre indifference,
Vangeons nous à loisir de toutes ces langueurs
Ou sa fausse couleur auoit reduit nos cœurs.

PHILISTE.   [te

Vous me ioüës, Madame, & cette accorte fein-
Ne donne à mes amours qu'vne mocqueuse at-

CLARICE.   [teinte.

Qu'elle façon estrange! en me voyant brusler
Tu t'obstines encor à le dissimuler,
Tu veux qu'encor vn coup ie deuienne effrontée
Pour te dire à quel point mon ardeur est montée,
Tu la vois cependant en son extremité.
Et tu doutes encor de cette verité?

PHILISTE.

Ouy i'en doute & l'excés de ma beatitude,
Est le seul fondement de mon incertitude,
Ma Reine est-il possible & me puis-ie asseurer
D'vn bien à quoy mes veux n'oseroient aspirer

CLARICE.

Cesse de me tuer par cette deffiance,
Qui pourroit des mortels troubler nostre alliäce,
Quelqu'vn a-t'il à voir dessus mes actions
Qui prescriue vne regle à mes affections?
Vefue, & qui ne dois plus de respect à personne
Puis-ie pas disposer de ce que ie te donne?

PHILISTE.

N'ayant iamais esté digne d'vn tel honneur
J'ay de la peine encore a croire mon bon-heur.

CLARICE.

Pour t'obliger enfin à changer de langage,
Si ma foy ne suffit que ie te donne en gage,
Vn bracelet expres tissu de mes cheueux
T'attend pour enchaisner & ton bras & tes
  vœux,
Vien le querir & prendre auec moy, la iournée
Qui termine bien tost nostre heureux hymenée.

PHILISTE.

C'est dont vos seuls aduis se doiuent consulter.
Trop heureux quand à moy de les executer,

LA NOVRRICE seule.

Vous contés sans vostre hoste, & vous pourrés
  apprendre

Que ce n'eſt pas ſans moy que ce iour ſe doibt
    prendre,
ice. *Alcidon aduerty de ce que vous braſſés*
    Va rendre en vn moment vos deſſeins renuer-
    ſés.
ine *Ie luy vay bien donner de plus ſeures adreſſes*
    Que d'amuſer Doris par de fauſſes careſſes,
    Auſſi bien (m'a t'on dit) à beau ieu beau re-
    tour,
r. *Au lieu de la duper auec ce feint amour*
    Elle meſme le dupe, & par vn contre-eſchange
    En eſcoutant ſes vœux reçoit ceux de Florange,
    Ainſi de tous coſtés primé par vn riual
    Ses affaires ſans moy ſe porteroient fort mal.

es.

ée.
'e.

r.

ſs

ACTE II.

SCENE V.

ALCIDON, DORIS.

ALCIDON.

A Dieu mon cher soucy sois seure que mon
      ame,
Iusqu'au dernier souspir conseruera sa flame.

DORIS.

Alcidon, cét à Dieu me prend au despourueu
Tu ne fais que d'entrer, à peine t'ay-ie veu,
C'est m'enuier trop tost le bien de ta presence,
He de grace ma vie, vn peu de complaisance?
Tandis que ie te tiens souffre qu'auec loisir
Ie puisse m'en donner vn peu plus de plaisir?

ALCIDON.

En peux tu receuoir de l'entretien d'vn homme
Qui t'explique si mal le feu qui le consomme.
Dont le discours est plat, & pour tout cõplimẽt

N'a iamais que ce mot, ie t'ayme infiniment.
I'ay hôte aupres de toy que ma langue grossiere
Manque d'expressions, & non pas de matiere
Et ne respõdant point aux mouuemẽts du cœur
Te descouure si peu le fonds de ma langueur,
Doris si tu pouuois lire dans ma pensée
Et voir tous les ressorts de mon ame blessée,
Que tu verrois vn feu bien autre & bien plus
    grand
Qu'en ces foibles deuoirs que ma bouche te rend.

DORIS.

Si tu pouuois aussi penetrer mon courage
Pour y voir comme quoy ma passion m'engage,
Ce que dãs mes discours tu prẽs pour des ardeurs
Ne te sembleroit plus que de tristes froideurs,
Ton amour & le mien ont faute de paroles,
Par vn malheur esgal ainsi tu me consoles,
Et de mille defauts me sentant accabler   [bler.
Ce m'est trop d'heur qu'vn d'eux me faite ressẽ-

ALCIDON.   [uienne,

Mais quelque ressemblance entre nous qui sur.
Ta passion n'a rien qui ressemble à la mienne,
Et tu ne m'aymes pas de la mesme façon.

DORIS.

Quitte, mon cher soucy, quitte ce faux soupçon,
Tu douterois à tort d'vne chose si claire,
L'espreuue fera foy comme i'ayme à te plaire,
Ie meurs d'impatience attendant l'heureux iour
Qui te monstre quel est enuers toy mõ amour,
Ma mere en ma faueur brusle de mesme enuie.

ALCIDON.

Helas! ma volonté soubs vn autre asseruie
Dont ie ne puis encor à mon gré disposer
Fait que d'vn tel bonheur ie ne sçaurois vser
Ie dépẽds d'vn vieil oncle, & s'il ne m'authorise,
Ie te fais vainement vn don de ma franchise,
Tu sçais que ses grands biens ne regardent que
    moy,
Et qu'attendant sa mort ie vis dessoubs sa loy:
Mais nous le gaignerons & mõ humeur accorte
Sçait cõme il faut auoir les hommes de sa sorte.
Vn peu de temps fait tout.

DORIS
                Ne precipite rien.
Ie cognois ce qu'au monde auiourd'huy vaut le
    bien,

                            Conserue

Côserue ce viellard pourquoy te mettre en peine
A force de m'aymer de t'acquerir sa haine ?
Ce qui te plaist m'agrée, & ce retardement
Parce qu'il vient de toy m'oblige infiniment.

ALCIDON.

De moy ! c'est offencer vne pure innocence,
Si l'effet de mes vœux est hors de ma puissance,
Leur obstacle me gesne autant ou plus que toy.

DORIS.

C'est prendre mal mon sens, ie sçay qu'elle est ta
foy.

ALCIDON.

Qu'vn baiser de nouueau t'en donne l'asseurance.

DORIS.

Elle m'asseure assez de ta perseuerance
Et ie luy ferois tort d'en receuoir d'ailleurs
Vne preuue plus ample ou des garãds meilleurs.

ALCIDON.

Que cette feinte est belle, & qu'elle a d'industrie!

DORIS.

On a les yeux sur nous, laisse moy ie te prie.

ALCIDON.

Crains tu que cette vieille en ose babiller ?

D

DORIS.

A dieu, va maintenant où tu voulois aller,
Si pour te retenir i'ay trop peu de merite
Qu'il te souuienne au moins que c'est moy qui te
quitte.

ALCIDON.

Quoy donc, sans vn baiser ? Ie m'en passeray
bien.

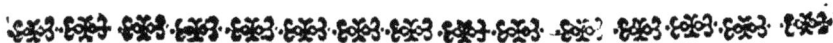

ACTE II.

SCENE VI.

LA NOVRRICE. ALCIDON.

LA NOVRRICE.

IE te prens au sortir d'vn plaisant entretien.

ALCIDON.

Plaisant de verité, veu que mon artifice
Luy raconte les vœux que i'enuoye à Clarice,
Et de tous mes souspirs qui se portent plus loing
Elle se croist l'obiet & n'en est que resmoing.

LA NOVRRICE.

Ainsi ton feu se ioüe ?

ALCIDON.

Ainsi quand ie souspire
Ie la prends pour vn autre, & luy dis mon mar-
tyre,
Et sa responce au point que ie peux souhaitter
Dans cette illusion a droit de me flatter.

LA NOVRRICE.

Elle t'ayme?

Et de plus vn discours equiuoque
Luy fait aisément croire vn amour reciproque,
Elle se pense belle, & cette vanité
L'asseure imprudemment de ma captiuité,
Et comme si i'estois des amants ordinaires
Elle prend sur mon cœur des droits imaginaires,
Ce pendant que le sien ressent ce que ie feins
Et vit dans les langeurs dont à faux ie me plains.

LA NOVRRICE.

Ie te responds que non, si tu n'y mets remede
Parauant qu'il soit peu, Florange la possede.

ALCIDON.

Et qui t'en a tant dit?

LA NOVRRICE.

Geron m'a tout conté.

D ii

C'eſt luy qui ſourdement a conduit ce traite.

ALCIDON.

Ce n'eſt pas grand dommage auſsi bien tant de
feintes.

M'alloient bien toſt donner d'ennuyeuſes contraintes,

Ils peuuent acheuer quand ils troûueront bon,

Rien ne les troublera du coſté d'Alcidon.

Cependant appren moy ce que fait ta maiſtreſſe?

LA NOVRRICE.

Elle met la Nourrice au bout de ſa fineſſe,

Philiſte aſſeurément tient ſon eſprit charmè,

Ie n'euſſe iamais creu qu'elle l'euſt tant aimé.

ALCIDON.

C'eſt à faire a du temps.

LA NOVRRICE.

Quitte cette eſperance,

Ils ont pris l'vn de l'autre vne entiere aſſeurãce,

Iuſqu'à s'entredonner la parole & la foy.

ALCIDON.

Que tu demeure froide en te mocquant de moy.

LA NOVRRICE.

Il n'eſt rien de ſi vray, ce n'eſt point raillerie.

ALCIDON.

C'eſt donc fait d'Alcidon, Nourrice ie te prie.

LA NOVRRICE.

Tu m'as beau ſupplier, mon eſprit eſpuiſé
Pour diuertir ce coup n'eſt point aſſez ruſé,
Ie ne ſçay qu'vn moyen, mais ie ne l'oſe dire.

ALCIDON.

Deſpeſche, ta longueur m'eſt vn ſecond martyre.

LA NOVRRICE.

Clarice tous les ſoirs reſuant à ſes amours
Seule dans ſon iardin fait trois ou quatre tours;

ALCIDON.

Et qu'a cela de propre a reculer ma perte?

LA NOVRRICE.

Ie te peux en tenir la fauſſe porte ouuerte,
Aurois tu du courage aſſés pour l'enleuer?

ALCIDON.

Que trop, mais ie ne ſçache apres où me ſauuer,
Et ie n'ay point d'amy ſi peu ialoux de gloire
Que d'eſtre partiſan d'vne action ſi noire
Si i'auois vn pretexte alors ie ne dis pas
Que quelqu'vn abuſé n'accompagnaſt mes pas

D iij

LA NOVRRICE.

Tu n'en sçaurois manquer, aueugle, considere
Qu'on t'enleue Doris, va quereler son frere,
Fais esclatter par tout vn faux ressentiment.
Trop d'amis s'offriront à vanger promptement
L'affront qu'en apparence aura receu ta flame,
Et lors (mais sans ouurir les secrets de ton ame)
Tasche à te seruir d'eux.

ALCIDON.

Ainsi tout ira bien,
Ce pretexte est si beau que ie ne crains plus rien.

LA NOVRRICE.

Pour oster tout soupçon de nostre intelligence.
Ne faisons plus ensemble aucune conference,
Et vien quand tu pourras, ie t'attẽds dés demain.

ALCIDON.

A dieu ie tiens le coup, autãt vaut, dãs ma main.

ACTE TROISIESME

SCENE PREMIERE.

CELIDAN. ALCIDON.

CELIDAN

C E n'eſt pas que i'excuſe, ou la ſœur, ou
le frere,
Dont l'infidelité fait naiſtre ta colere,
Mais, à ne point mentir, ton deſſein à l'abord
N'a gaigné mon eſprit qu'auec vn peu d'effort:
Lors que tu m'as parlé d'enleuer ſa maiſtreſſe
L'honneur a quelque tẽps combatu ma promeſſe.
Ce mot d'enleuement me faiſoit de l'horreur
Mes ſens embaraſſés dans cette vaine erreur,
N'auoient plus la raiſon de leur intelligence,
En pleignãt ton malheur ie blaſmois ta vẽgeãce,
Et l'ombre d'vn forfait amuſant ma pitié

D iiij

Retardoit les effets deus à noſtre amitié.

ALCIDON.

Voila groſſierement chércher à te deſdire,
Auec leurs trahiſons ta laſcheté conſpire,
Puiſque tu ſçais leur crime & conſens leur bon-
    heur.
Mais c'eſt trop deſormais ſuruiure à mon hon-
    neur.
C'eſt trop porter en vain par leur perfide trame
La rougeur ſur le front & la fureur en l'ame,
Va va n'empeſche plus mon deſeſpoir d'agir.
Souffre qu'apres mon front ce flanc puiſſe en
    rougir,
Et qu'vn bras impuiſſant à vanger cét outrage
Reporte dans mon cœur les effets de ma rage.

CELIDAN.

Bien loin de reuoquer ce que ie t'ay promis,
Ie t'offre auec mon bras celuy de centamis.
Prẽ puiſque tu le veux ma maiſon pour retraite,
Diſpoſe abſolument d'vne amitié parfaite,
Ie voy trop que Philiſte en te volant ton bien.
N'a que trop merité qu'on le priue du ſien,
Apres ſon action la tienne eſt legitime,

On vange honneſtement vn crime par vn crime.

ALCIDON.

Tu vois comme il me trompe & me promet
    ſa ſœur
Dont il fait ſourdement Florange poſſeſſeur,
Ha Ciel! fut-il iamais vn ſi noir artifice?
Il luy fait receuoir mes offres de ſeruice
Cette belle m'accepte, & deſſous cét adueu
Ie me vante par tout du bon beur de mon feu
Cependant il me l'oſte & par cette pratique,
Plus mō amour eſt ſceu, plus ma hōte eſt publique.

CELIDAN.

Apres ſa trahiſon, voy ma fidelité.
Il t'enleue vn obiet que ie t'auois quitté,
Ta Doris fut touſiours la Reine de mon ame,
I'ay touſiours eu pour elle vne ſecrette flame,
Sans iamais teſmoigner que i'en eſtois eſpris
Tant que tes feux ont peu te promettre ce prix:
Mais ie te l'ay quittée & non pas à Florange,
Quand ie t'auray vangé, contre luy ie me van-
    ge,
Et ie luy fais ſçauoir que deuant mon treſpas
Tout autre qu' Alcidon ne l'emportera pas.

ALCIDON.

Pour moy donc à ce point ta côtrainte est venuë
Que ie te veux de mal de cette retenuë !
Est ce ainsi qu'entre amis on vit à cœur ouuert ?

CELIDAN.

Mon feu qui t'offençoit est demeuré couuert,
Et si cette beauté malgré moy l'a fait naistre
I'ay sceu pour ton respect l'êpescher de paroistre.

ALCIDON.

Helas ! tu m'as perdu me voulant obliger,
Veu que nostre amitié m'en eust fait desgager;
Ie souffre maintenant la honte de sa perte,
Et i'aurois eu l'honneur de te l'auoir offerte;
De te l'auoir cedée, & reduit mes desirs
Au glorieux dessein d'auancer tes plaisirs.
Mais faites que l'humeur de Philiste se change
Grands Dieux, & l'inspirant de rompre auec
    Florange
Donnez moy le moyen de môstrer qu'à mon tour
Pour vn amy ie sçais estouffer mon amour.

CELIDAN.

Tes souhaits arriués nous t'en verrions desdire,
Doris sur ton esprit reprendroit son empire,

Nous donnons aiſément ce qui n'eſt plus à nous.

ALCIDON.

Si i'y manquois, grãds Dieux, ie vous coniure tous
D'armer contre Alcidon vos dextres vãgereſſes.

CELIDAN.

Vn amy tel que toy m'eſt plus que cẽt maiſtreſſes,
Il n'y va pas de tant, reſoluons ſeulement
Du iour, & des moyens, de cét enleuement.

ALCIDON.

Mon ſecret n'a beſoin que de ton aſſiſtance,
Veu que ie ne puis craindre aucune reſiſtance,
La belle dont mon traiſtre adore les attraits
Chaque ſoir au iardin va prẽdre vn peu de frais,
I'en ay ſçeu de luy meſme ouurir la fauſſe porte.
Eſtãt ſeule, & de nuit, le moindre effort l'ẽporte.
Allons y dés ce ſoir, le pluſtoſt vaut le mieux,
Et ſur tout deſguiſés deſrobons à ſes yeux
Et de nous, & du coup, l'entiere cognoiſſance.

CELIDAN.

Si Clarice vne fois eſt en noſtre puiſſance,
Croy que c'eſt vn bon gage a moyenner l'accord,
Et rendre en ce faiſant ton party le plus fort.
Mais pour la ſeureté d'vne telle entrepriſe

Auſſi toſt que chez moy nous pourrons l'auoir
  miſe,

Retournons ſur nos pas, & ſoudain effaçons
Ce que pourroit l'abſence engendrer de ſoupçons

ALCIDON.

Ton ſalutaire aduis eſt la meſme prudence,
Et deſia ie prepare vne froide impudence
A m'informer demain auec eſtonnement
De l'heure & de l'autheur de cét enleuement.

CELIDAN.

A dieu, i'y vay mettre ordre.

ALCIDON.

                    Eſtime qu'en reuanche
Ie n'ay goute de ſang que pour toy ie n'eſpan-
  che.

ACTE III.

SCENE II.

ALCIDON seul.

Bons Dieux! que d'innocence & de sim-
    plicité;
Ou pour la mieux nommer que de stupidité
Dont le manque de sens se cache & se desguise
Sous le front specieux d'vne sotte franchise?
Que Celidan est bon! que i'ayme sa candeur!
Et que son peu d'adresse oblige mon ardeur!
O qu'il n'est pas de ceux dont l'esprit à la mode
A l'humeur d'vn amy iamais ne s'accommode,
Et qui nous font souuent cent protestations
Et contre les effects, ont mille inuentions!
Luy quand il a promis, il meurt qu'il n'effectuë,
Et l'attente desia de me seruir le tuë.
I'admire cependant par quel secret ressort
Sa fortune & la mienne, ont cela de rapport,

Que celle qu'vn amy, nôme, ou tiët sa maistresse
Est l'obiet qui tous deux au fonds du cœur nous
　　blesse,
Et qu'ayant comme moy caché sa passion,
Nous n'auons differé que de l'intention;
Veu qu'il met pour autruy son bon-heur en ar-
　　riere,
Et pour moy.

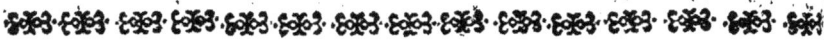

ACTE III.

SCENE III.

PHILISTE. ALCIDON.

PHILISTE.

IE t'y prends, resueur,

ALCIDON.

　　　　　　　　　Ouy, par derriere,
C'est d'ordinaire ainsi que les traistres en font.

PHILISTE.

Je te vois accablé d'vn chagrin si profond
Que i'excuse aisément ta response vn peu cruë.
Mais que fais tu si triste au milieu d'vne ruë?

Quelque penser fascheux te seruoit d'entretien?

ALCIDON

Ie resuois que le monde en l'ame ne vaut rien,
Au moins pour la pluspart, que le siecle où nous
    sommes
A bien dissimuler met la vertu des hommes,
Qu'à grand peine deux mots se peuuët eschapper
Sans quelque double sens afin de nous tromper,
Et que souuent de bouche vn dessein se propose
Ce pendant que l'esprit songe à toute autre chose.

PHILISTE.

Et cela t'affligeoit? laissons courir le temps
Et malgré les abus viuons tousiours contents,
Le monde est vn chaos, & son desordre excede,
Tout ce qu'on y voudroit apporter de remede.
N'ayons l'œil, cher amy, que sur nos actions,
Aussi bien s'offencer de ses corruptions
A des gens comme nous ce n'est qu'vne folie.
Or pour te retirer de la melancolie,
Ie te veux faire part de mes contentemens.
Si l'on peut en amour s'asseurer aux sermens,
Dans trois iours au plus tard par vn bon-heur
    estrange,

Clarice est à Philiste.

ALCIDON.

Et Doris à Florange.

PHILISTE.

Quelque soupçon friuole en ce cas te deçoit,
I'auray perdu la vie auant que cela soit.

ALCIDON.

Voila faire le fin de fort mauuaise grace,
Philiste vois tu bien, ie sçay ce qui se passe.

PHILISTE.

Ma mere en a receu de vray quelques propos,
Et voulut hier au soir m'ē toucher quelques mots,
Les femmes de son aage ont ce mal ordinaire,
De ne regler qu'aux biens vne pareille affaire,
Vn si honteux motif leur fait tout decider,
Et l'or qui les aueugle, a droit de les guider,
Moy dont ce faux esclat n'esbloüit iamais l'ame
Qui cognois ton merite autant comme ta flame,
Ie luy fis bien sçauoir que mon consentement
Ne dépendroit iamais de son aueuglement,
Et que iusqu'au tombeau quand à cét hymenée
Ie maintiendrois sa foy que ie t'auois donnée.
Ma sœur accortement feignoit de l'escouter,

Non

Non pas que son amour n'osast luy resister,
Mais fine, elle vouloit qu'vn ver de ialousie
Sur quelque bruit leger picquast ta fantaisie,
Ce petit aiguillon quelquefois en passant
Resueille puissamment vn amour languissant.

ALCIDON.

Fais a qui tu voudras ce conte ridicule,
Soit que ta sœur l'accepte ou qu'elle dissimule,
Le peu que i'y perdray ne vaut pas m'en fascher:
Rien de mes sentimens ne sçauroit approcher
Comme alors qu'au Theatre on nous fait voir
    Melite
Le discours de Cloris quand Philandre la quitte,
Ce qu'elle dit de luy, ie le dis de ta sœur,
Et ie la veux traiter auec mesme douceur.
Pourquoy m'aigrir contre elle ! en cet indigne
    change
Le choix de ce lourdaut la punit & me vange,
Et ce sexe imparfait de son mieux ennemy
Ne posseda iamais la raison qu'à demy,
I'aurois tort de vouloir qu'elle en eust dauantage,
Sa foiblesse la force à deuenir volage,
  n'ay que pitié d'elle en ce manque de foy,

E

Et mon courroux entier se reserue pour toy,
Toy qui trahis ma flame apres l'auoir fait nai-
　　stre
Toy qui ne m'es amy qu'afin d'estre plus traistre,
Et que tes laschetés tirent de leurs excés
Par ce damnable appas vn facile succés,
Desloyal, ainsi donc de ta vaine promesse
Ie reçoy mille affront au lieu d'vne maistresse,
Et ton perfide cœur masqué iusqu'à ce iour
Pour assouuir ta haine alluma mon amour.
Ces soupçons dissipés par des effects contraires,
Nous renoüerons bien-tost vne amitie de fre-
　　res.
Puisse dessus ma teste esclatter à tes yeux
Ce qu'à de plus mortel la colere des Cieux,
Si iamais ton riual à ma sœur sans ma vie,
A cause de ses biens ma mere en meurt d'enuie,
Mais malgré.

　　　　　　　ALCIDON.
　　　　　　Laisse l'a ces propos superflus
Ces protestations ne m'esbloüissent plus,
Et ma simplicité lasse d'estre dupée
N'admet plus de raisons qu'au bout de mö es-
　　　　　　　　　　　　　　　　　Non

PHILISTE.

Estrange impression d'vne ialouse erreur
Dont ton esprit atteint ne suit que sa fureur!
Et bien, tu veux ma vie, & ie te l'abandonne,
Ce couroux insensé qui dans ton cœur bouillonne
Contente-le par là, pousse, mais n'atten pas
Que par le tien ie veuille euiter mon trespas,
Trop heureux que mon sang puisse te satisfaire
Ie le veux tout donner au seul bien de te plaire,
Tousiours pour les duels on m'a veu sans effroy,
Mais ie n'ay point de lame à trâcher contre toy.

ALCIDON.

Voila bien desguiser vn manque de courage.

PHILISTE.

Si iamais quelque part ton interest m'engage,
Tu pourras voir alors si ie suis vn mocqueur,
Et si pour te seruir i'auray manque de cœur,
Mais pour te mieux oster tout sujet de colere,
Si tost que i'auray peu me rendre chez ma mère,
Deust mon peu de respect offencer tous les Dieux
I'affronteray Geron & Florange à ses yeux.
Ie souffre iusques là ton humeur violente.
Mais ces deuoirs rendus si rien ne te contente,

E iij

Sçache alors que voicy dequoy nous appaisons,
Quiconque ne veut pas se payer de raisons.

ALCIDON seul.

Ie crains son amitié plus que cette menace,
Sans doute il va chasser Florange de ma place :
Mon pretexte est perdu s'il ne quitte ces soins,
Dieux ! qu'il m'obligeroit de m'aymer vn peu
moins.

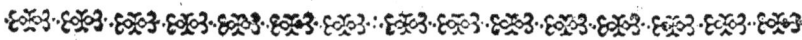

ACTE III.

SCENE IV.

CRYSANTE, DORIS.

CRYSANTE.

IE meure, mon enfant, si tu n'es admirable,
Et ta dexterité me semble incomparable;
Tu merites de viure apres vn si bon tour.

DORIS.

Croyez moy qu' Acidon n'é sçait guere en amour
Vous n'eußiez peu m'entendre & vous tenir de
rire,
me tuois moy mesme à tous coups de luy dire

Que mon ame pour luy n'a que de la froideur,
Et que ie luy ressemble en ce que nostre ardeur
Ne s'explique à tous deux nullement par la bou-
che,
Enfin que ie le quitte.

CRYSANTE.

Il est donc vne souche
S'il ne peut rien comprendre en ces naïfuetéz.
Peut estre y meslois-tu quelques obscuritez?

DORIS.

Pas.vne, en mots expres ie luy rendois son chāge
Et n'ay couuert mō ieu qu'au regard de Florāge.

CRYSANTE.

De Florange? & comment en osois-tu parler?

DORIS.

Je ne me trouuois pas d'humeur à rien celer,
Mais nous nous sceusmes lors ietter sur l'equiuo-

CRYSANTE.   [que.

Tu vaux trop, c'est ainsi qu'il faut quand on se
    mocque
Que le mocqué tousiours reste fort satisfait,
Ce n'est plus autrement qu'vn plaisir imparfait,
Que souuent malgré nous se termine en querelle.

E iij

DORIS.

Je luy presente encor vne ruse nouuelle
Pour la premiere fois qu'il m'en viendra conter.

CRYSANTE.

Mais pour en dire trop tu pourrois tout gaster.

DORIS.

N'en ayez pas de peur.

CRYSANTE.

Quoy que l'on se propose
'Assez souuent l'issuë.

DORIS.

On vous veut quelque chose,
Madame, ie vous laisse.

CRYSANTE.

Ouy, va t'en, il vaut mieux
Que l'on ne traitte point cette affaire à tes yeux.

ACTE III.

SCENE V.

CRYSANTE. GERON.
CRYSANTE.

IE deuine à peu pres le suiet qui t'ameine
Mais sans mentir, mon fils me donne vn peu
   de peine,
Et s'emporte si fort en faueur d'vn amy
Que ie n'ay sceu gaigner son esprit qu'à demy.
Encor vne remise, & que tandis Florange
Ne craigne aucunemét qu'on luy dône le change,
Moy mesme i'ay tant fait, que ma fille auiour-
   d'huy
(Le croirois-tu, Geron?) a de l'amour pour luy.
      GERON.
Florange impatient de n'auoir pas encore
L'entier & libre accez vers l'obiet qu'il adore
Ne pourra consentir, à ce retardement.
        E iiij

CRYSANTE.

Le tout en ira mieux pour son contentement,
Quel plaisir aura-t'il aupres de sa maiſtreſſe
Si mon fils ne l'y voit que d'vn œil de rudeſſe,
Si ſa mauuaiſe humeur refuſe à luy parler,
Ou ne luy parle enfin que pour le quereller ?

GERON.

Madame, il ne faut point tant de diſcours friuo-
les,
Ie ne fus iamais homme à porter des paroles
Depuis que i'ay cognu qu'on ne les peut tenir.
Si Monſieur voſtre fils.....

CRYSANTE.

Ie l'apperçoy venir.

GERON.

Tant mieux, nous allons voir s'il deſdira ſa
mere.

CRYSANTE.

Sauue toy, ſes regards ne ſont que de colere.

***

ACTE III.

SCENE VI.

CRYSANTE. PHILISTE. GERON.
PHILISTE.

TE voila donc icy, peſte du bien public,
    Qui reduis les amours en vn ſale traffic,
Va pratiquer ailleurs tes commerces infames,
Ce n'eſt pas ou ie ſuis que l'on ſurprend des fem-
    mes.

GERON.

Monſieur, vous m'offenceζ, loing d'eſtre vn ſu-
    borneur,
Ie ne ſortis iamais des termes de l'honneur,
Madame a trouué bon de prendre cette voye.
PHILISTE luy donnant des coups de plat
    d'eſpee.
Tien, porte ce reuers à celuy qui t'ennoye,
Ceux-cy ſeront pour toy.

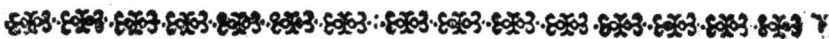

ACTE III.

SCENE VII.

CRYSANTE, PHILISTE, LYCAS.

CRYSANTE.

Mon fils, qu'auez vous fait?
PHILISTE.
I'ay mis, graces aux Dieux, ma promeſſe en effet.
CRYSANTE.
Ainſi vous m'empeſchez d'executer la mienne.
PHILISTE.
Ie ne puis empeſcher que la voſtre ne tienne,
Mais ſi iamais ie trouue icy ce courratier
Ie luy ſçauray, Madame, apprendre ſon meſtier.
CRYSANTE.
Il vient ſous mon adueu.
PHILISTE.
Voſtre adueu ne m'importe,
C'eſt vn fou me voiant s'il ne gaigne la porte,

'Autrement il sçaura ce que pesent mes coups.

CRYSANTE.

Est-ce là le respect que i'attendois de vous?

PHILISTE.

Commãdés que le cœur à vos yeux ie m'arrache
Pourueu que mõ hõneur ne souffre aucune tache,
Je suis prest d'expier auec mille tourmens,
Ce que ie mets d'obstacle à vos contentemens.

CRYSANTE.

Souffrez que la raison regle vostre courage,
Considerez, mon fils, quel heur, quel aduantage
L'affaire qui se traite, apporte à vostre sœur:
Le bien est en ce siecle vne grande douceur
Estant riche on est tout: adioustez qu'elle mesme
N'aime point qu'Alcidon, & ne croy pas qu'il
    l'ayme.
Quoy? voulez-vous forcer son inclination?

PHILISTE.

Vous la forcez vous mesme à cette eslection,
Ie suis de ses amours le tesmoin oculaire.

CRYSANTE.

Elle se contraignoit seulement pour vous plai-
    re.

PHILISTE.

Elle doit donc encor se contraindre pour moy.

CRYSANTE.

Et pourquoy luy prescrire vne si dure loy?

PHILISTE.

Puis qu'elle m'a trompé, qu'elle en porte la peine.

CRYSANTE.

Voulez vous l'attacher à l'obiet de sa haine?

PHILISTE.

Ie veux tenir parole à mes meilleurs amis,
Et qu'elle tienne aussi ce qu'elle m'a promis.

CRYSANTE.

Mais elle ne vous doit aucune obeissance.

PHILISTE.

Sa promesse me donne vne entiere puissance.

CRYSANTE.

Sa promesse sans moy ne la peut obliger.

PHILISTE.

Que deuiendra ma foy qu'elle a fait engager?

CRYSANTE.

Il la faut reuoquer, comme elle sa promesse.

PHILISTE.

Il faudroit donc côme elle auoir l'ame traistresse,

N'en parlons plus. Lycas?

LYCAS.
Monſieur.

PHILISTE.
Sus, de ma part
Va Florange aduertir que s'il ne ſe depart
D'vne place chez nous par ſurpriſe occupée,
Ie ne le trouue point ſans vne bonne eſpée.

CRYSANTE.
Attens vn peu, mon fils....

PHILISTE à Lycas.
Marche, mais promptement.

CRYSANTE ſeule.
Dieux! que cét obſtiné me donne de tourment!
Que ie te plains ma fille! helas pour ta miſere,
Les deſtins ennemis t'ont fait naiſtre ce frere,
Deſplorable! le Ciel te veut fauoriſer,
D'vne bonne fortune, & tu n'en peux vſer.
Reioignons toutes deux ce naturel ſauuage,
Et taſchons par nos pleurs d'amollir ſon courage.

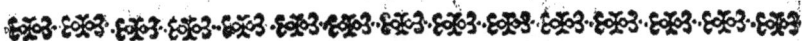

ACTE III.

SCENE VIII.

CLARICE dans son iardin.

STANCES.

CHers confidens de mes desirs,
Beaux lieux secrets tesmoins de mon in-
quietude,
Ce n'est plus auec des souspirs
Que ie viens abuser de vostre solitude :
Mes tourmens sont passez,
Mes vœux sont exaucez,
L'aise à mes maux succede,
Mon sort en ma faueur change sa dure loy,
Et pour dire en vn mot le bien que ie possede,
Mon Philiste est à moy.

En vain nos inégalitez
M'auoient auantagée à mon desaduantage,
L'amour confond nos qualitez,
Et nous reduit tous deux sous vn mesme escla-
    uage,
        L'aueugle outrecuidé
        Se croiroit mal guidé
        Par l'aueugle fortune,
Et son aueuglement par miracle fait voir
Que quand il nous saisit, l'autre nous importune,
        Et n'a plus de pouuoir.

        Cher Philiste à present tes yeux
Que i'entendois si bien sans les vouloir entendre
        Et tes propos mysterieux.
Par leurs rusés destours n'ont plus rien à m'ap-
        Nostre libre entretien   [prendre
        Ne dissimule rien
        Et ces respects farouches
N'exerçans plus sur nous de secrettes rigueurs,
L'amour est maintenāt le maistre de nos bouches
        Ainsi que de nos cœurs.

Qu'il fait bon auoir enduré ?
Que le plaisir se gouste au sortir des supplices !
Et qu'apres auoir tant duré
La peine qui n'est plus augmente nos delices !
Qu'vn si doux souuenir
M'appreste à l'aduenir
D'amoureuses tendresses !
Que mes malheurs finis auront de volupté !
Et que i'estimeray cherement ces caresses
Qui m'auront tant cousté.

Mon heur me semble nompareil
Depuis que nostre amour declaré m'en asseure,
Ie ne croy pas que le Soleil.

ACTE

ACTE III.

SCENE IX.

CELIDAN, ALCIDON,
CLARICE, LA NOVRRICE.

CELIDAN derriere le theatre.

COcher, attend nous là.

CLARICE.

D'où prouient ce murmure?

ALCIDON.

Il est temps d'auancer, baissons le tappaborr,
Moins nous ferons de bruiĉt, moins il faudra
d'effort.

CLARICE.

Aux voleurs, au secours,

LA NOVRRICE.

Quoy? des voleurs, Madame!

F

CLARICE.

Ouy, des voleurs, Nourrice,

LA NOVRRICE se iettant à genoux.

Ah, de frayeur ie pasme,

CLARICE.

Laisse moy. miserable.

CELIDAN.

Allons, il faut marcher.

Madame, vous viendrez.

CLARICE à qui Celidan met la main sur
la bouche.

Aux vo...

CELIDAN derriere le Theatre.

Touche cocher.

ACTE IV.

SCENE X.

LA NOVRRICE, DORASTE, POLYMAS.
LISTOR.

LA NOVRRICE seule.

SOrtons de pasmoison, reprenons la parole,
Il nous faut à grands cris ioüer vn autre
  roolle,
Ou ie n'y cognois rien, ou i'ay bien pris mon
  temps,
Tous n'en resteront pas esgalement contens,
Et Philiste demain cette nouuelle sceuë
Sera de belle humeur, ou ie suis fort deceuë.
Mais par où vont nos gens? voyons, qu'en
  seureté
Ie fasse aller apres par vn autre costé,

F

A prefent il eſt temps que ma voix s'eſuertuë,
Aux armes, aux voleurs, on m'eſgorge, on me tuë,
On enleue Madame, amis ſecourez nous,
A la force, aux brigands, au meurtre, accourez
    tous,
Doraſte, Polymas, Liſtor.

POLYMAS.

              Qu'as tu Nourrice?

LA NOVRRICE.

Des voleurs

POLYMAS.

Qu'ont il fait?

LA NOVRRICE.

          Ils ont rauy Clarice.

POLYMAS.

Comment! rauy Clarice?

LA NOVRRICE.

          Ouy ſuiuez promptement
Bons Dieux! que i'ay receu de coups en vn mo-
ment.

DORASTE.

Suiuons les, mais dis nous la route qu'ils ont
    priſe.

LA NOVRRICE.

Ils vont tout droit par là , le Ciel vous fauorise.

O qu'ils en vont abbatre ! ils sont morts , s'en est
    fait ,

Et leur sang autant vaut, a laué leur forfait,

Pourueu que le bon-heur à leurs souhaits responde-
    de

Ils les rencontreront s'ils font le tour du monde.

Quant à nous cependant subornons quelques
    pleurs,

Qui seruent de tesmoins à nos fausses douleurs.

F iij

ACTE QVATRIESME

SCENE PREMIERE.

PHILISTE, LYCAS.

PHILISTE.

DES voleurs cette nuit ont enleué Clarice!
Quelle preuue en as tu? quel tesmoin? quel
indice?
Ton rapport n'est fondé que sur quelque faux
bruit.

LYCAS.

Ie n'en suis par les yeux (helas!) que trop in-
struit,
Les cris de sa Nourrice en sa maison deserte,
M'ont trop suffisamment asseuré de sa perte,
Seule en ce grand logis elle court haut & bas,

Elle renuerse tout ce qui s'offre à ses pas,

Et sur ceux qu'elle voit frappe sans recognoi-
stre:

A peine deuant elle oseroit-on paroistre

De furie elle escume, & fait tousiours vn bruit

Que le desespoir forme, & que la rage suit,

Et parmy ses transports son hurlement farou-
che

Ne laisse distinguer que Clarice en sa bouche.

PHILISTE.

Ne t'a t'elle rien dit ?

LYCAS.

Soudain qu'elle ma veu.

Ces mots ont esclatté d'vn transport impourueu,

Va luy dire qu'il perd sa maistresse, & la no-
stre ;

Et puis incontinent me prenant pour vn au-
tre,

Elle m'alloit traitter en autheur du forfait,

Mais ma fuitte a rendu sa fureur sans effet.

PHILISTE.

Elle nomme du moins celuy qu'elle en soupçon-
ne ?

F iiij

LYCAS.

Ses confuses clameurs n'en accusent personne,
Et mesme les voisins n'en sçauent que iuger.

PHILISTE.

Tu m'apprends seulement ce qui peut m'affliger,
Traistre, sans que ie sçache ou pour mon alle-
geance,
Adresser ma poursuitte & porter ma vengeãce
Tu fais bien d'échapper, dessus toy ma douleur
Faute d'vn autre obiet eust vangé ce malheur;
Malheur dautant plus grand que sa source
ignorée
Ne laisse aucun espoir à mon ame esplorée,
Ne laisse à ma douleur qui va finir mes iours
Qu'vne plainte inutile au lieu d'vn prõpt secours,
Vain & foible soulas en vn coup si funeste.
Mais il s'en faut seruir, puisque seul il nous re-
ste:
Plain Philiste, plain toy, mais auec des accens
Plus remplis de fureur qu'ils ne sont impuissans,
Fay qu'à force de cris poussez iusqu'en la nuë
Ton mal soit plus cognu que sa cause inconuë,
Fay que chacũ le sçache, & que par tes clameurs

Clarice, ou qu'elle soit, apprenne que tu meurs.
Clarice, vnique obiet qui me tiens en seruage,
Reçoy donc de mes feux ce dernier tesmoignage,
Voy comme en te perdant ie vay perdre le iour,
Et par mon desespoir iuge de mon amour.
Aussi pour en iuger peut estre est-ce ta feinte
Qui me porte à dessein cette cruelle atteinte,
Et ton amour qui doute encor de mes sermens
Cherche à s'en asseurer par mes ressentimens.
Soupçonneuse beauté, contente ton enuie,
Et pren cette asseurance aux despens de ma vie,
Si ton feu dure encor, par mes derniers soupirs
Reçois ensemble, & perds, l'effet de tes desirs.
Alors ta flame en vain pour Philiste allumée
Tu luy voudras du mal pour t'auoir trop aymée,
Et seure de sa foy tu viendras regretter
Sur sa tombe le temps, & le bien d'en douter,
Que ce penser flatteur me desrobe à moy mesme!
Qu'il m'est doux en mourant de penser qu'elle
        m'ayme,
Et dans ce desespoir que causent mes malheurs
Esperer que ma mort luy coustera des pleurs!
Simple, qu'espere-tu? sa perte est volontaire,

Et pour mieux te punir d'vn amour temeraire,
Elle veut tes regrets, tous autres chastimens
Ne luy semblent pour toy que de legers tourmës,
Elle en rit maintenant, cette belle inhumaine,
Elle se pasme d'aise au recit de ta peine,
Et choisit pour obiet de son affection
Vn amant plus sortable à sa condition.
Pauure desespéré; que ta raison segare!
Et que tu traites mal vne amitié si rare!
Apres tant de sermens de n'aymer rien que toy
Tu la veux faire heureuse aux despens de sa foy,
Tu veux seul auoir part à la douleur commune,
Tu veux seul te charger de toute l'infortune,
Comme si tu pouuois en croissant tes malheur s
Diminuer les siens & l'oster aux voleurs.
N'en doute plus Philiste, vn rauisseur infame
A mis en son pouuoir la Reine de ton ame,
Et peut estre desia ce corsaire effronté
Triomphe insolemment de sa pudicité.
Helas! qu'à ce penser ma vigueur diminuë,

❀❀❀❀❀❀❀❀❀❀❀❀❀❀❀❀

ACTE IV.

SCENE II.

PHILISTE, DORASTE, POLYMAS, LISTOR,
PHILISTE.

MAis voicy de ses gens. Qu'est-elle de-
deuenuë?
Amis le sçauez vous? n'auez-vous rien trouué
Qui nous puisse esclaircir du malheur arriué?

DORASTE.

Nousauons fait, Mõsieur, vne vaine poursuite

PHILISTE.   [suite?

Du moins vous auez veu des marques de leur

DORASTE.

Si nous auions peu voir les traces de leurs pas
Des brigãds ou de nous vous sçauriés le trespas.
Mais helas quelque soin, & quelque diligence

PHILISTE,

Ce sont là des effects de vostre intelligence,

Traiſtres, ces feins helas, ne ſçauroient m'abuſer.

POLYMAS.

Vous ne deuez, Monſieur, en rien nous accuſer.

PHILISTE.

Perfides vous preſtez l'eſpaule à leur retraite,
Et c'eſt ce qui vous fait me la tenir ſecrette :
Mais voicy. Vous fuyez ? vous auez beau cou-
    rir
Il faut me ramener ma maiſtreſſe, ou mourir.

DORASTE cependant que Philiſte eſt derriere le theatre.

Cedons à ſa fureur, éuitons en l'orage.

POLYMAS.

'Ne nous preſentons plus aux tranſports de ſa
    rage,
Mais pluſtoſt derechef allons ſi bien chercher
Qu'il n'ait plus au retour ſuiet de ſe faſcher,

LISTOR ? voyant reuenir Philiſte, & s'en-fuyantauec ſes compagnons.

Le voilâ.

Philiſte l'eſpée à la main, & ſeul.

Qui les oſte a ma iuſte colere ?
Venez de vos forfaits receuoir le ſalaire,

ſer. Infames, ſcelerats, venez, qu'eſperez-vous
Voſtre fuite ne peut vous ſauuer de mes coups.

ſer.

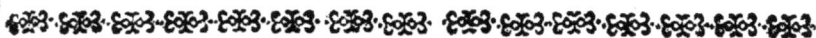

ACTE IIII.

SCENE III.

ALCIDON. CELIDAN. PHILISTE.

ALCIDON mettant l'eſpée à la main

PHiliſte, à la bonne heure, vn miracle vi-
ſible
T'a rendu maintenant à l'honneur plus ſenſible,
Puiſqu'ainſi tu m'attends les armes à la main.
Quoy? ta poltronnerie a changé bien ſoudain?

CELIDAN.

Modere cet ardeur, tout beau.

ALCIDON.

Laiſſe nous faire
C'eſt en homme de bien qu'il me va ſatisfaire,
Veux tu rompre le coup d'vne bonne action?

PHILISTE.

Dieux! ce comble manquoit à mon affliction,
Que i'esprouue en mon sort vne rigueur cruelle!
Ma maiſtreſſe perduë vn amy me querelle.

ALCIDON.

Ta maiſtreſſe perduë!

PHILISTE.

Helas! hier des voleurs

ALCIDON.

Ie n'en veux rien ſcauoir, va le conter ailleurs,
Ie ne prens plus de part aux intereſts d'vn trai-
ſtre,
Et puiſqu'il eſt ainſi le Ciel fait bien paroiſtre
Que ſon iuſte courroux à voulu me vanger.

PHILISTE.

Quel plaiſir, Alcidon, prens tu de m'outrager?
Mon amitié ſe laſſe, & ma fureur m'emporte.
Mon ame pour ſortir ne cherche qu'vne porte,
Ne me preſſe donc plus dedans mon deſeſpoir,
I'ay deſia fait pour toy pardelà mon deuoir,
Te peux tu plaindre encor de ta place occupée?
I'ay renuoyé Geron a coups de plat d'eſpée
I'ay menacé Florange & rompu des accords

Qui te causoient iadis ces violens transports.

ALCIDON.

Entre des Caualiers vne offense receuë
Ne se contente point d'vne si lasche issuë.
Va m'attendre

CELIDAN.

Arrestez, ie ne permettray pas
Qu'vn si funeste mot termine vos debats,

PHILISTE.

Faire icy du fendant alors qu'on nous separe [re,
C'est mõstrer vn esprit lasche autãt que barba-
A dieu, mauuais, à dieu, nous nous pourrons
    trouuer,
Et si le cœur t'en dit au lieu de t'en brauer.
I'apprendray seul à seul dans peu de tes nouuel-
    les.
Mon honneur souffriroit des taches eternelles
A craindre encor de perdre vne telle amitié.

ACTE IIII.
SCENE IV.

CELIDAN. ALCIDON.

CELIDAN

LE cœur à ses douleurs me seigne de pitié,
Il monstre vne franchise icy trop naturelle
Pour ne te pas oster tout suiet de querelle,
L'affaire se traittoit sans doute à son desceu,
Et quelque faux soupçon en ce point t'a deceu :
Va retrouuer Doris, & rendons luy Clarice.

ALCIDON.

Tu te laisses donc prendre à ce lourd artifice ?
A ce piege qu'il dresse afin de m'atraper ?

CELIDAN.

Romproit-il ces accords à dessein de tromper,
Que vois tu là qui sente vne supercherie ?

ALCIDON.

Ie n'y vois qu'vn effet de sa poltronnerie,

Qu'vn

Qu'vn lasche desadueu de cette trahison
De peur d'estre obligé de m'en faire raison ;
Ie l'en pressay dés hier, mais son peu de courage
Ayma mieux pratiquer ce rusé tesmoignage
Par ou m'esblouïssant il peust vn de ces iours
Renouër sourdement ces muëttes amours.
Il en donne en secret des aduis à Florange,
Tu ne le cognois pas, c'est vn esprit estrange.

CELIDAN.

Quelque estrange qu'il soit si tu prens bien ton
    temps
Malgré luy tes desirs se trouueront contens,
Ses offres acceptez que rien ne se differe,
Apres vn prompt hymen tu le mets à pis faire,

ALCIDON.

Cét ordre est infaillible a procurer mon bien,
Mais ton contentement m'est plus cher que le
    mien :
Long temps à mon suiet tes passions contraintes
Ont souffert & caché leurs plus viues atteintes,
Il me faut à mon tour en faire autant pour toy :
Hier deuant tous les Dieux ie t'en donnay ma
    foy,

G

Et pour la maintenir i'esteindray biē ma braise.

CELIDAN.

Mais ie ne veux point d'heur aux deſpens de
    ton aiſe,
Et i'aurois vn regret trop ſenſible de voir
Que mon hymen laiſſaſt Alcidon à pouruoir.

ALCIDON.

Et bien pour t'arracher ce ſcrupule de l'ame,
(Quoy que ie n'eus iamais pour elle aucune
    flame)
J'eſpouſeray Clarice: ainſi puiſque mon ſort
Veut qu'à mes amitieẐ ie faſſe vn tel effort
Que d'vn de mes amis i'eſpouſe la maiſtreſſe,
C'eſt là que par deuoir il faut que ie m'adreſſe,
Philiſte m'eſt pariure , & moy ton obligé ,
Il m'a fait vn affront, & tu m'en as vangé ,
Ma raiſon en ce choix n'a point d'incertitude
Puiſque l'vn eſt iuſtice, & l'autre ingratitude.

CELIDAN.

Mais te priuer pour moy de ce que tu cheris !

ALCIDON.

C'eſt faire mon deuoir te quittant ma Doris,
Et me vanger d'vn traiſtre eſpouſant ſa Clarice!

Mes discours, ny mon cœur n'ont aucun artifice,
Ie vay pour confirmer tout ce que ie t'ay dit
Employer vers Doris mon reste de credit :
Si ie la puis gaigner, ie te responds du frere
Trop heureux à ce prix d'appaiser ma colere.

CELIDAN.

C'est ainsi que tu veux m'obliger doublement :
Voy ce que ie pourray pour ton contentement.

ALCIDON.

L'affaire à mon aduis deuiendroit plus aisée
Si Clarice apprenoit vne mort supposée.

CELIDAN.

De qui, de son amant ? va, tien pour asseuré
Qu'elle croira dans peu ce perfide expiré.

ALCIDON.

Quand elle en aura sceu la nouuelle funeste
Nous aurons moins de peine à la resoudre au
   reste
On a beau nous aymer, des pleurs sont tost se-
   chez,
Et les morts soudain mis au rang des vieux pe-
   chez.

G ij

✦✦✦✦✦✦✦✦✦✦✦✦✦✦✦✦✦

ACTE IIII.
SCENE V.

CELIDAN.

IL me cede à mon gré Doris de bon courage,
Et ce nouueau deſſein d'vn autre mariage
Pour eſtre fait ſur l'heure & tout nonchalam-
    ment
Ne me ſemble conduit que trop accortement.
Qu'il en ſçait de moyens ! qu'il a ſes raiſons pre-
    ſtes !
Et qu'il trouue a l'inſtant de pretextes honneſtes
Pour ne point r'approcher de ſõ premier amour !
Quand à moy, plus i'y ſonge, & moins i'y voy
    de iour,
M'auroit-il bien caché le fonds de ſa penſée ?
Ouy, ſans doute, Clarice à ſon ame bleſſée,
Il ſe vange en parole, & s'oblige en effet.
Cela ſe iuge à l'œil, rien ne le ſatisfait,

Quand on luy rend Doris il s'aigrit dauātage,
Ie iouërois à ce conte vn ioly perſonnage,
Il s'en faut eſclaircir, Alcidon ruſe en vain
Tandis que le ſuccés eſt encor en ma main.
Si mon ſoupçon eſt vray, ie luy feray cognoiſtre
Que ie ne fus iamais homme à ſeruir vn traiſtre.
Ce n'eſt pas auec moy qu'il faut faire le fin,
Et qui me veut duper en doit craindre la fin.
Il ne vouloit que moy pour luy ſeruir d'eſcorte,
Et ſi ie ne me trompe, il n'ouurit point la porte,
Nous eſtions attendus on ſecondoit nos coups,
La Nourrice parut en meſme temps que nous,
Et ſe paſma ſoudain auec tant de iuſteſſe
Que cette paſmoiſon nous liura ſa maiſtreſſe.
Qui luy pourroit vn peu tirer les vers du nés.
Que nous verrions demain des gens bien eſtōnés!

G iiij

❧❧❧❧❧❧❧❧❧❧❧❧❧❧❧❧❧❧

ACTE IV.
SCENE VI.

CELIDAN, LA NOVRRICE,
LA NOVRRICE.

CELIDAN.

AH!
I'entens des souspirs.

LA NOVRRICE.

Destins.

CELIDAN.

C'est la Nourrice,
Qu'elle vient à propos !

LA NOVRRICE.

Ou rendez moy Clarice,

CELIDAN.

Il la faut aborder.

LA NOVRRICE.

Ou me donnez la mort.

CELIDAN.

Qu'eſt-ce?qu'as tu Nourrice à t'affliger ſi fort?
Quel funeſte accident? quelle perte arriuée?

LA NOVRRICE.

Perfide, c'eſt donc toy qui me l'as enleuée?
En quel lieu la tiens tu? dis moy? qu'en as tu
     fait?

CELIDAN.

C'eſt à tort que tu veux m'imputer vn forfait,

LA NOVRRICE.

Où l'as tu miſe en fin?

CELIDAN.

       Tu cherches ta maiſtreſſe?

LA NOVRRICE.

Ouy, ie te la demande, ame double & trai-
ſtreſſe.

CELIDAN.

Ie ne trempay iamais en cét enleuement,
Mais ie t'en diray bien l'heureux euenement.
Il ne faut plus auoir vn viſage ſi triſte,
Elle eſt en bonne main.

LA NOVRRICE.

     De qui?

CELIDAN.

De son Philiste,

LA NOVRRICE.

Le cœur me le disoit que ce rusé flatteur
Deuoit estre du coup le veritable autheur.

CELIDAN.

Ie ne dis pas cela, Nourrice, du contraire
Sa rencontre à Clarice estoit fort necessaire.

LA NOVRRICE.

Quoy ? l'à-t'il deliurée ?

CELIDAN.

Ouy

LA NOVRRICE.

Bons Dieux ?

CELIDAN.

Sa valeur

Oste ensemble la vie, & Clarice, au voleur.

LA NOVRRICE.

Vous ne parlez que d'vn.

CELIDAN

L'autre ayant pris la fuite
Philiste à negligé d'en faire la poursuite.

LA NOVRRICE.

Leur caroſſe roulant comme eſt-il aduenu.

CELIDAN.

Tu m'en veux informer en vain par le menu,
Peut eſtre vn mauuais pas, vne branche, vne
pierre,
Fit verſer leur caroſſe, & les ietta par terre,
Et Philiſte eut tant d'heur que de les rencontrer
Comme eux & ta maiſtreſſe eſtoient preſts d'y
rentrer.

LA NOVRRICE.

Cette heureuſe nouuelle a mon ame rauie.
Mais le nom de celuy qu'il a priué de vie?

CELIDAN.

C'eſt, ie l'aurois nommé mille fois en vn iour.
Que ma memoire icy me fait vn mauuais tour!
C'eſt vn des bons amis que Philiſte euſt au mõde.
Reſue vn peu cõme moy, Nourrice, & me ſecõde.

LA NOVRRICE.

Donnes m'en quelque adreſſe.

CELIDAN

Il ſe termine en don,
C'eſt, i'y ſuis peu s'en faut, atten, c'eſt

LA NOVRRICE.

Alcidon ?

CELIDAN.

T'y voila iustement.

LA NOVRRICE.

Est-ce luy ? quel dommage ?
Qu'vn braue Gentilhomme en la fleur de
son aage....
Toutefois il n'a rien qu'il n'ait bien merité,
Et graces aux bons Dieux, son dessein auorté.
Mais du moins en mourāt il nōma son complice.

CELIDAN.

C'est là le pis pour toy.

LA NOVRRICE.

Pour moy ?

CELIDAN

Pour toy, Nourrice.

LA NOVRRICE.

Ah le traistre !

CELIDAN.

Sans doute il te vouloit du mal.

LA NOVRRICE.

Et m'en pourroit-il faire.

CELIDAN.

Ouy, son rapport fatal

LA NOVRRICE.

Ne peut rien contenir que ie ne le dénie.

CELIDAN.

En effet ce rapport n'eſt qu'vne calomnie,
Eſcoute cependant, Il a dit qu'à ton ſceu
Ce malheureux deſſein auoit eſté conceu,
Et que pour empeſcher la fuitte de Clarice,
Ta feinte paſmoiſon luy fit vn bon office,
Qu'il trouua le iardin par ton moyen ouuert!

LA NOVRRICE.

De quels damnables tours cét impoſteur ſe ſert?
Non, Monſieur, à preſent il faut que ie le die,
Le Ciel ne vit iamais de telle perfidie,
Ce traiſtre aymoit Clarice, & bruſlãt de ce feu
Ne careſſoit Doris que pour couurir ſon ieu,
Depuis pres de ſix mois il a taſché ſans ceſſe
D'acheter ma faueur aupres de ma maiſtreſſe,
Il n'a rien eſpargné qui fut en ſon pouuoir
Mais me voyant touſiours ferme dans le deuoir,
Et que pour moy ſes dons n'auoient aucune
amorce,

En fin il a voulu recourir a la force.

Vous sçauez le surplus, vous voyez son effor

A se vanger de moy pour le moins en sa mort.

Picqué de mes refus, il me fait criminelle,

Et mon crime ne vient que d'estre trop fidelle.

Mais, Monsieur, le croit on?

CELIDAN.

N'en doute aucunement,

Le bruit est qu'on t'appreste vn rude chastimē

LA NOVRRICE.

Las! que me dites vous?

CELIDAN.

Ta maistresse en colere

Iure que tes forfaits receuront leur salaire,

Sur tout elle s'aigrit contre ta pasmoison:

Si tu veux éuiter vne infame prison

N'atten pas son retour,

LA NOVRRICE.

Où me voy-ie reduite!

Mon salut depend donc d'vne soudaine fuite,

Et mon esprit confus ne peut ou l'adresser!

CELIDAN.

I'ay pitié des malheurs qui te viennent presser

Nourrice i'ay chez moy si tu veux ta retraite,
Autant qu'en lieu du monde elle y sera secrette.

LA NOVRRICE.

O serois-ie esperer que la compassion.

CELIDAN.

Ie prens ton innocence en ma protection.
Va ne perds point de temps, estre icy dauãtage
Ne pourroit à la fin tourner qu'à ton dommage,
Ie te suiuray de l'œil, & ne dis encor rien
Comme apres ie sçauray m'employer pour ton
    bien,
Durant l'esloignement ta paix se pourra faire

LA NOVRRICE.

Vous me serez, Monsieur, comme vn Dieu tu-
    telaire

CELIDAN.

Ie refue pour le present de ces remercimens,
Va tu n'as pas loisir de tant de complimens.

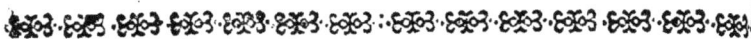

ACTE IIII.

SCENE VI.

CELIDAN.

Voila mon homme pris, & ma vie
    attrapée.
Vrayment vn mauuais conte, aysémēt la dup
Ie la croyois plus fine, & n'euffe pas penfé
Qu'vn difcours fur le champ par hazard co
    mencé,
Dont la fuitte non plus n'alloit qu'à l'auantu
Peufe donner à fon ame vne telle torture,
La ietter en defordre, & brouiller fes reffort
Mais la raifon le veut, c'eft l'effet des remord
Le cuifant fouuenir d'vne action meschante
Soudain au moindre mot nous dōne l'efpouuā
Mettons là cependant en lieu de feureté
D'où nous ne craignions rien de fa fubtilité;
Apres nous ferōs voir qu'il me faut d'vne affai
Ou du tout ne rien dire, ou du tout ne rien tai

Et que depuis qu'on iouë à surprendre vn amy
Vn trõpeur en moy trouue vn trõpeur & demy.

ACTE IV.

SCENE VII.

ALCIDON, DORIS.

DORIS.

C'Est donc pour vn amy que tu veux que mon ame
Allume à ta priere vne nouuelle flame?

ALCIDON.

Ouy, de tout mon pouuoir ie t'en viens coniurer.

DORIS.

A ce coup, Alcidon, voila te declarer,
Ce compliment fort beau pour des ames glacées
M'est vn adueu bien clair de tes feintes passées,

ALCIDON.

Ne parle point de feinte, il n'appartiẽt qu'à toy
D'estre dissimulée & de manquer de foy.
L'effet l'a trop monstré.

DORIS.

L'effet à deu t'apprendre
Quand on feint auec moy que ie sçay bien l[e]
rendre.
Mais ie reuiens à toy, tu fais donc tant de brui[t]
Afin qu'apres vn autre en recueille le fruit?
Et c'est à ce dessein que ta fausse colere
Abuse insolemment de l'esprit de mon frere?

ALCIDON.

Ce qu'il a pris de part en mes ressentimens
Seul apporte du trouble a tes contentemens,
Et pour moy qui vois trop ta haine par ce chãg[e]
Ou tu m'as preferé ce lourdaut de Florange
Ie n'ose plus t'offrir vn seruice odieux.

DORIS.

Tu ne fais pas tant mal, mais pour faire encor[e]
mieux,
Puis que tu recognois ma veritable haine,
De moy, ny de mon choix, ne te mets point e[n]
peine
C'est trop manquer de sens, ie te prie, est-ce à[]
toy
A l'obiet de ma haine, à disposer de moy?

Non,

ALCIDON.

Non, mais puisque ie vois à mon peu de merite
De ta possession, l'esperance interdite,
Ie sentirois mon mal de beaucoup soulagé
Si du moins vn amy m'en estoit obligé.
Ce Caualier au reste à tous les auantages
Que l'on peut remarquer aux plus braues cou-
rages,
Beau de corps & d'esprit, riche, adroit, valeu-
reux,
Et sur tout de Doris à l'extreme amoureux.

DORIS.

Toutes ces qualités n'ont rien qui me desplaise
Mais il en a de plus vne autre fort mauuaise,
C'est qu'il est ton amy cette seule raison,
Me le feroit hair si i'en sçauois le nom.

ALCIDON.

Donc pour le bien seruir il me le faudroit taire?

DORIS.

Et de plus luy donner cét aduis salutaire
Que s'il est vray qu'il m'ayme, & qu'il veuille
estre aymé
Quãd il m'entretiendra tu ne sois point mommé,

H

Qu'il n'espere autrement de response que triste,
I'ay despit que le sang me lie auec Philiste
Et qu'ainsi malgré moy i'ayme vn de tes amis.

ALCIDON.

Tu seras quelque iour d'vn esprit plus remis,
Ie m'envay, cependant souuien toy, rigoureuse,
Que tu hais Alcidon qui te peut rédre heureuse.

DORIS.

Va, ie ne veux point d'heur qui parte de ta
main.

ACTE IV.

SCENE VIII.

DORIS.

QV'aux filles comme moy le fort eſt in-
    humain.
Que leur condition me ſemble deplorable!
Vne mere aueuglée, vn frere inexorable,
Chacun de leur coſté prennent ſur mon deuoir
Et ſur mes volonteℤ vn abſolu pouuoir,
Chacun me veut forcer a ſuiure ſon caprice,
L'vn a ſes amitiés, l'autre à ſon auarice,
Ma mere veut Florange, & mõ frere Alcidon.
Dans leurs diuiſions mon cœur à l'abandon.
N'attend que leur accord pour ſouffrir, &
    pour feindre,
Ie n'oſe qu'eſperer & ie ne ſçay que craindre,
Ou pluſtoſt ie crains tout, & ie n'eſpere rien,
Ie n'oſe fuir mon mal, ny rechercher mon bien.
Dure ſujettion! eſtrange tyrannie!

Toute liberté donc à mon choix se dénie!

On ne laisse à mes yeux rien dire à mon cœur,

Et par force vn amant n'a de moy que rigueur:

Il y va cependant du reste de ma vie,

Et ie n'ose escouter tant soit peu mon enuie

Il faut que mes desirs tousiours indifferens

Aillent sans resistance au gré de mes parens

Qui m'aprestēt peut estre vn brutal, vn sauuage,

Et puis cela s'appelle vne fille bien sage,

Ciel qui vois ma misere & qui sçais mon besoin,

Pour le moins par pitié prens de moy quelque

   soin.

ACTE CINQVIESME

SCENE PREMIERE.

CELIDAN, CLARICE.

CELIDAN.

N'Efperez pas, Madame, auec cét arti-
      fice
    Apprendre du forfait l'autheur ny le
complice,
Ie cheris l'vn & l'autre , & croy qu'il m'eft
      permis
De conferuer l'honneur de mes meilleurs amis,
L'vn aueuglé d'amour ne iugea point de blafme
A rauir la beauté qui luy rauiffoit l'ame
Et l'autre l'affifta par importunité;
C'eft ce que vous fçaurez de leur temerité,

CLARICE.

Puisque vous le voulez, Monsieur ie suis contente

De voir qu'vn bon succés ait trôpé mon attente,

Et me resoluant mesme a perdre a l'aduenir

De mon affliction le triste souuenir,

I'estime que la perte en sera plus aisée

Si i'ignore les noms de ceux qui l'ont causée,

C'est assez que ie sçay qu'à vostre heureux secours

Ie dois ma liberté, mon honneur, mes amours,

Philiste autant que moy vous en est redeuable,

S'il a sceu mon malheur il est inconsolable,

Et dãs son desespoir sans doute qu'auiourd'huy

Vous luy rendez la vie en me rendant à luy,

Disposez de tous deux, & ce que l'vn & l'autre

Auront en leur pouuoir tenez-le côme au vostre,

Tandis permettez moy de le faire aduertir

Qu'il luy faut en plaisirs ses douleurs conuertir.

CELIDAN.

C'est à moy qu'appartient l'honneur de ce mes-
sage,

Trop heureux en ce point de vous seruir de page,

Mon secours sans cela comme de nul effet
Ne vous auroit rendu qu'vn seruice imparfait.

CLARRICE.

Apres auoir rompu les fers d'vne captiue,
C'est tout de nouueau prendre vne peine exces-
siue,
Et l'obligation que i'en vay vous auoir
Met la reuanche hors de mon peu de pouuoir,
Si bien que desormais quelque espoir qui me
flatte
Il faudra malgré moy que i'en demeure ingratte.

CELIDAN.

En quoy que mon seruice oblige vostre amour,
Vos seuls remercimens me mettent à retour.

H iiij

ACTE V.

SCENE II.

CELIDAN.

QV' *Alcidon maintenant soit de feu pour*
          Clarice,
Qu'il ayt de son party sa traistresse Nourrice,
Que d'vn amy trop simple il fasse vn rauisseur,
Qu'il querelle Philiste, & neglige sa sœur,
En fin qu'il ayme, dupe, enleue, feigne, abuse,
Ie trouue mieux que luy mon conte dans sa ruse.
Son artifice m'ayde, & succede si bien
Qu'il me donne Doris & ne luy laisse rien.
Il semble n'enleuer qu'à dessein que ie rende,
Et que Philiste apres vne faueur si grande
N'ose me refuser celle dont ses transports
Et ses faux mouuemens font rõpre les accords.
Ne m'offre plus Doris, elle m'est toute acquise,

Ie ne la veux deuoir, traiſtre, qu'à ma franchiſe,
Il ſuffit que ta ruſe ait deſgagé ſa foy,
Ceſſe tes complimens ie l'auray bien ſans toy.
Mais pour voir ces effets allõs trouuer le frere,
Noſtre heur incompatible auecque ſa miſere
Ne ſe peut aduancer qu'en luy diſant le ſien.

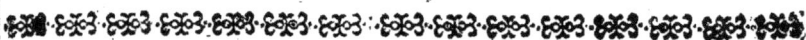

ACTE V.

SCENE III.

ALCIDON, CELIDAN.

CELIDAN.

HA! ie cherchois vne heure auec toy d'en-
tretien,
Ta rencontre iamais ne fut plus opportune.
ALCIDON.
En quel point as tu mis l'eſtat de ma fortune?
CELIDAN.
Tout va le mieux du monde, il ne ſe pouuoit pas
Auec plus de ſuccez ſuppoſer vn treſpas

Clarice au defefpoir croit Philifte fans vie.

ALCIDON.

Et l'autheur de ce coup ?

CELIDAN.

Celuy qui la rauie,

Vn amant incognu dont ie luy fais parler.

ALCIDON.

Elle a donc bien ietté des iniures en l'air?

CELIDAN.

Mais dedans fa fureur, quoy que rien ne l'appaife,

Si ie t'auois tout dit, c'eft pour en mourir d'aife.

ALCIDON.

Ie n'en veux point qui porte vne fi dure loy.

CELIDAN.

Dedans fon defefpoir elle parle de toy.

ALCIDON.

Elle parle de moy?

CELIDAN.

l'ay perdu ce que i'ayme

(Dit elle) mais du moins fi cét autre luy mefme

Son fidelle Alcidon m'en confoloit icy,

Qu'en le voyant mon mal deuiendroit adoucy.

ALCIDON.

Ie ne me pensois pas si fort en sa memoire.
Mais non, cela n'est point, tu m'en dõnes àcroire.

CELIDAN.

Il ne tiendra qu'a toy d'en voir la verité.

ALCIDON.

Quand ?

CELIDAN.

Mesme auant demain.

ALCIDON.

Ma curiosité
Accepte ce party, ce soir si bon te semble
Nous nous desroberõs pour l'aller voir ensemble
Et comme sans dessein de loin la disposer,
Puisque Philiste est mort.

CELIDAN.

S'entends, à t'espouser.

ALCIDON.

Nous pourrõs feindre alors que par ma diligẽce
Le concierge rendu de mon intelligence
Me donne vn libre accés aux lieux de sa prison,
Que desia quelque argent m'en a fait la raison
Et que s'il en faut croire vne iuste esperance

Les piftolles dans peu feront fa deliurance
Pourueu qu'vn prompt hymen fuccede à mes
   defirs.

CELIDAN.

Que cette inuention t'affeure de plaifirs !
Vne fubtilité fi dextrement tiffuë
Ne peut iamais auoir qu'vne admirable iffuë.

ALCIDON.

Mais l'execution ne s'en doit pas furfeoir.

CELIDAN.

Me differe donc point, ie t'attends vers le foir,
A dieu, pour le prefent i'ay quelque affaire en
   ville.

ALCIDON feul.

O l'excellent amy ! qu'il a l'efprit docile !
Pouuois-ie faire vn choix plus cōmode pour moy
Ie trompe tout le monde auec fa bonne foy.
Et quant à fa Doris, fi fa pourfuitte eft vaine,
C'eft dequoy maintenāt, ie ne fuis guere en peine
Puifque i'auray mon côte, il m'importe fort peu
Si la coquette agrée, ou neglige fon feu.
Mais ie ne fonge pas que mon aife imprudente
Laiffe en perplexité ma chere confidente,

Auant que de partir il faudra sur le tard
De mes contentemens luy faire quelque part.

❦❦❦❦❦❦❦❦❦❦❦❦❦❦❦❦

ACTE V.

SCENE IV.

CRYSANTE, PHILISTE, DORIS.

CRYSANTE.

IE ne le puis celer, bien que i'y compatisse,
Ie trouue en ton malheur quelque peu de iu-
stice,
Le Ciel vange ta sœur, ton brusque aueuglemēt
A rompu sa fortune, & chassé son amant,
Et tu vois aussi tost la tienne renuersée,
Ta maistresse rauie, & peut estre forcée.
Ce pendant, Alcidon te querelle tousiours
Au lieu de renoüer ses premieres amours.

PHILISTE.

Madame, c'est sur vous qu'en tombe le reproche
Le moyen que iamais Alcidon en rapproche.

L'affront qu'il a receu ne luy peut plus laiſſer
De ſouuenir de nous que pour nous offencer.
Ainſi mon mauuais ſort m'a bien oſté Clarice
Mais du reſte accuſez voſtre ſeule auarice,
Madame, nous perdons par voſtre aueuglemẽt
Voſtre fils vn amy, voſtre fille vn amant.

DORIS.

Oſtez ce nom d'amant, le fard de ſon langage
Ne m'empeſcha iamais de voir dans ſon courage
Et nous eſtions tous deux ſemblables en ce poin
Que nous feignions d'aymer ce que nous n'ay
  mions point.

PHILISTE.

Cé que vous n'aymiez point ? petite écerueléc,
Falloit-il donc ſouffrir d'en eſtre caiollée?

DORIS.

Il le falloit ſouffrir, ou vous deſobliger.

PHILISTE.

Mais dy qu'il te falloit vn eſprit moins leger.

CRYSANTE.

Celidan vient d'entrer, fais vn peu de ſilence,
Et du moins à ſes yeux cache ta violence.

ACTE V.

SCENE V.

PHILISTE, CHRYSANTE, CELIDAN, DORIS.

PHILISTE à CELIDAN.

ET bien que dit, que fait, noftre amãt irrité?
Perfifte t'il encor dans fa brutalité?

CELIDAN.

Quitte pour auiourd'huy le foin de tes querelles,
I'ay bien à te conter de meilleures noũelles,
Les rauiffeurs n'ont plus Clarice en leur pouuoir.

PHILISTE.

Amy que me dis-tu?

CELIDAN.

Ce que ie viens de voir.

PHILISTE.

Et de grace, où voit-on le fuiet que i'adore?
Dis moy le lieu.

CELIDAN.

Le lieu ne se dit pas encore,
Celuy qui te la rend te veut faire vne loy.

PHILISTE.

Apres ceste faueur qu'il dispose de moy,
Mon possible est à luy.

CELIDAN.

Donc sous cette promess
Tu peux dans son logis aller voir ta maistresse.
Ambassadeur expres.....

ACTE V.
SCENE VI.

CRYSANTE, CELIDAN, DORIS.

CRYSANTE.

Son feu precipité
Luy fait faire enuers nous vne inciuilité,
Excusez s'il vous plaist sa passion trop forte,
Qui sans vous dire à dieu vers son obiet l'éporte.

CELIDAN.

C'est câme doit agir vn veritable amour,
Vn feu moindre eust souffert quelque plus long
　　seiour,
Et nous voyons assez par cette experience
Que le sien est esgal à son impatience ;
Mais puis qu'ainsi le Ciel reioint ces deux amās,
Et que tout se dispose à vos contentemens,
Pour m'auancer aux miens, oserois-ie Madame,
Offrir a cette belle vn cœur qui n'est que flame,
Vn cœur sur qui ses yeux de tout temps absolus
Ont imprimé des traits qui ne s'effacent plus ?
T'ay creu par le passé qu'vne ardeur mutuelle

I

Vniſſoit les eſprits & d'Alcidon, & d'elle,
Et qu'en ce Caualier ſon deſir arreſté
Prendroit tous autres vœux pour importunité.
Cette ſeule raiſon m'obligeant a me taire,
Ie trahiſſois mon feu de peur de luy deſplaire.
Mais a preſent qu'vn autre en ſa place receu,
Me fait voir clairement combien i eſtois deceu,
Et que ce malheureux l'a ſi peu conſeruée,
Mon ame que ſes yeux ont toaſiours captiuée
Dans le malheur d'autruy vient chercher ſon
[bon heur.

CRYSANTE

Voſtre offre auantageux nous fait beaucoup
d'honneur,
Mais vous voyez le point ou me reduit Philiſte,
Et comme ſa boutade a mes ſouhaits reſiſte,
Trop chaud amy qu'il eſt, il s'eporte auiourd'hui
Pour vn qui nous meſpriſe, & ſe mocque de lui:
Honteuſe qu'il me força à manquer de promeſſe,
Ie n'oſe vous donner vne reſponſe expreſſe,
Tant ie crains de ſa part vn deſordre nouueau.

CELIDAN.

Vous me tuez Madame, & cachez le couſteau,
Sous ce deſtour diſcret vn refus ſe colore.

CRYSANTE.

Non Monſieur, croyez-moy, voſtre offre nous
Auſſi dãs le refus i'aurois peu de raiſon, [honore,
Ie cognoy voſtre bien, ie ſçay voſtre maiſon ;
Voſtre pere iadis (belas que cette hiſtoire [moire)
Encor ſur mes vieux ans m'eſt douce en la me-
Voſtre feu pere diſ-ie, eut de l'amour pour moy,
I'eſtois ſon cher obiet, & maintenant ie voy
Que cõme par vn droit ſucceſſif de famille [fille.
L'amour qu'il eut pour moy, vous l'aués pour ma
S'il m'aymoit ie l'aymois, & les ſeules rigueurs
De ſes cruels parens diuiſerent nos cœurs,
On l'eſloigna de moy veu le peu d'auantage
Qui ſe trouua pour luy dedans mon mariage.
Et iamais le retour ne luy fut accordé
Qu'ils ne viſſent mon lit d'Acaſte poſſedé,
En vain à cet hymen i'oppoſay ma conſtance,
La volonté des miens vainquit ma reſiſtance.
Mais ie reuiens à vous en qui ie voy portraits
De ſes perfections les plus aymables traicts,
Afin de vous oſter deſormais toute crainte
Que deſſous mes diſcours ſe cache aucune feinte,
Allons trouuer Philiſte, & vous verrez alors
Comme en voſtre faueur ie feray mes efforts.

I ij

CELIDAN.

Il faudroit de ma belle vne mesme asseurance,
Et rien ne pourroit plus troubler mon esperance.

DORIS.

[loir

Monsieur, ou Madame est, ie n'ay point de vou-

CELIDAN.

Employer contre vous son absolu pouuoir !
Ma flame d'y penser deuiendroit criminelle.

CRYSANTE.

Ie cognois bien ma fille, & ie vous responds d'elle,
Depeschons seulement d'aller vers ces amants.

CELIDAN.

Allons, mon heur depend de vos commandemens.

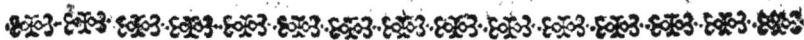

ACTE V.
SCENE IIV.
PHILISTE, CLARICE.
PHILISTE.

MA douleur qui s'obstine à combattre ma ioye
Pousse encor des souspirs bien que ie vous reuoye,
Et l'excés des plasirs qui me viennent charmer
Mesle dans ces douceurs ie ne sçay quoy d'amer

Mon ame en eſt enſemble & rauie, & conſuſe,
D'vn peu de laſcheté voſtre retour m'accuſe,
Et voſtre liberté me reproche auiourd'huy,
Que mon amour la doit à la pitié d'autruy,
Elle me comble d'aiſe, & m'accable de honte,
Celuy qui vous la rend en m'obligeant m'affrôte,
Vn coup ſi glorieux n'appartenoit qu'à moy.

CLARICE.

Vois tu dans mon eſprit des doutes de ta foy?
Y vois tu des ſoupçons qui bleſſent ton courage
Et diſpenſent ta bouche à ce faſcheux langage?
Ton amour & tes ſoins trõpés par mon malheur
Ma priſon incogneuë à braué ta valeur;
Que t'importe à preſent qu'vn autre m'ẽ deliure,
Puiſque ceſt pour toy ſeul que Clarice veut viure,
Et que d'vn tel orage en bonace reduit
Celidan à la peine, & Philiſte le fruit?

PHILISTE.

Mais vous ne dites pas que le point qui m'afflige
Ceſt la recognoiſſance où l'honneur vous oblige,
Il vous faut eſtre ingrate, ou bien à l'aduenir
Lui garder en voſtre ame vn petit ſouuenir,
La mienne en eſt ialouſe, & trouue ce partage,

I iij

(Quelque inefgal qu'il foit) à fon defauantage,
Ie ne le puis fouffrir, nos penfers à tous deux
Ne deuroient à mon gré parler que de nos feux,
Tout autre obiet que moy dans voftre efprit me
    picque.

CLARICE.

Ton humeur à ce conte eft vn peu tyrannique,
Penfes tu que ie veuille vn amant fi ialoux ?

PHILISTE.

Ie tafche d'imiter ce que ie vois en vous,
Mõ efprit amoureux qui vous tiẽt pour fa Reine
Fait de vos actions fa regle fouueraine.

CLARICE.

Ie ne puis endurer ces propos outrageux,
Où m'as tu veu ialoufe afin d'eftre ombrageux?

PHILISTE.

Ce fut (vous le fçaueZ) l'autre iour qu'en vifite
I'entretins quelque temps Belinde & Cryfolite.

CLARICE.

Ne me reproche point l'exceZ de mon amour.

PHILISTE.

Mais permetteZ-moy dõc cét excés à mon tour,
Eft-il rien de plus iufte ou de plus equitable

CLARICE.

Encor pour vn ialoux tu seras fort traitable,
Et tu sçais dextrement dedans nos entretiens
Accuser mes defauts en excusant les tiens.
Par cette liberté tu me fais bien paroistre
Que tu crois que l'hymē t'ait desia rēdu maistre,
Puisque laissant les vœux & les submissions
Tu me dis seulement mes imperfections.
Philiste, c'est douter trop peu de ta puissance,
Et prendre auant le tēps vn peu trop de licence :
Nous auions nostre hymen à demain arresté
Mais pour te bien punir de cette liberté,
Tu peux conter huict iours parauant qu'il s'a-

PHILISTE.   [cheue

Mais si durāt ce tēps quelque autre vous enleue,
Pensez-vous mon soucy, que pour vostre secours.
Le mesme Celidan se rencontre tousiours ?

CLARICE.

Il faut sçauoir de luy s'il prendroit cette peine,
Voy ta mere, & ta sœur que vers nous il ameine,
Sa response rendra nos debats terminez.

CELIDAN.

Ha ! mere, sœur, amy, que vous m'importunez

I iiij

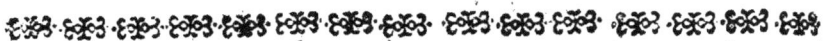

ACTE V.

SCENE VIII.

CRYSANTE, DORIS, CELIDAN,
CLARICE, PHILISTE,
CRYSANTE à CLARICE.

IE viens apres mon fils vous rendre vne asseu-
rance
De la part que ie prens en vostre deliurance,
L'aise que i'en reçoy ne sçauoit endurer
Que mes humbles deuoirs se peussent differer.

CLARICE à Crysante.

N'vsés point de ce mot vers celle dont l'enuie
Est de vous obeïr le reste de sa vie,
Que son retour rẽd moins à soy mesme qu'à vous:
Ce braue Caualier accepté pour espoux
C'est à moy desormais entrant dans sa famille
A vous rendre vn deuoir de seruante, & de fille,
Pourueu qu'en mes defauts i'aye tant de bonheur
Que vous me reputieZ digne d'vn tel honneur,
Et que sa passion en ce choix vous contente.

CRYSANDRE. à Clarice.

Dans ce bien exceſſif qui paſſe mon attente
Ie ſoupçonne mes ſens d'vne infidelité
Tant la raiſon s'oppoſe à ma credulité :
Surpriſe que ie ſuis d'vne telle merueille
Mon eſprit tout confus fait doute ſi ie veille,
Mon ame en eſt rauie, & ces rauiſſements
M'oſtent la liberté de tous remercimens.

DORIS à Clarice.

Souffrés qu'en ce bon-heur mõ aiſe m'enhardiſſe
A vous offrir Madame, vn fidelle ſeruice.

CLARICE à Doris.

Et moy ſans cõpliment qui vous farde mõ cœur
Ie vous offre & demande vne amitié de ſœur.

PHILISTE à Celidan.

Toy ſans qui mon malheur eſtoit inconſolable,
Ma douleur ſans eſpoir, ma perte irreparable,
Qui m'as ſeul obligé plus que tous mes amis,
Puiſque ie te dois tout, que ie t'ay tout promis,
Ceſſe de me tenir dedans l'incertitude,
Dy moy par ou ie puis ſortir d'ingratitude,
Donne moy le moyen apres vn tel bien fait
De reduire pour toy ma parole en effet.

CELIDAN à Philiste.

S'il est vray que ta flame, & celle de Clarice
Doiuent leur bonne issuë à mon peu de seruice,
Qu'vn bon succez par moy responde à tous vos
    vœux,
I'ose t'en demander vn pareil à mes feux,
I'ose te demander (sous l'adueu de Madame)
Celle qui de tout temps a possedé mon ame,
Vne sœur qui receuë en mon lit pour moitié
D'vn lien plus estroit serre nostre amitié.

PHILISTE à Celidan.

Ta demande m'estonne ensemble & m'ébarasse
Sur ton meilleur amy tu brigues cette place,
Et tu sçais que ma foy la reserue pour luy.

CRYSANTE à Philiste.

Si tu n'as entrepris de m'accabler d'ennuy,
Ne te fais point ingrat pour vne ame si double,

PHILISTE à Celidan.

Mon esprit diuisé de plus en plus se trouble,
Dispense moy de grace, & songe qu'auant toy
Ce colere Alcidon tient en gage ma foy.

CELIDAN à Philiste.

Voila de ta parole vn manque trop visible.

PHILISTE à Celidan.

Ie t'ay bien tout promis ce qui m'eſtoit poßible,
Mais vne autre promeſſe oſte de mon pouuoir
Ce qu'aux plaiſirs receus ie me ſçay trop deuoir.

CRYSANTE à Philiſte.

Ne te reſſouuien plus d'vne vieille promeſſe,
Et iuge en regardant cette belle maiſtreſſe
Si celuy qui pour toy l'oſte à ſon rauiſſeur
N'a pas bien merité l'eſchange de ta ſœur.

CLARICE à Cryſante.

Ie ne ſcaurois ſouffrir qu'en ma preſence on die
Qu'il doiue m'acquerir par vne perfidie,
Et pour vn tel amy luy voir ſi peu de foy,
Me feroit redouter qu'il en euſt moins pour moy.
Mais Alcidon ſuruient, nous l'allons voir luy
meſme
Diſputer maintenãt contre vous ce qu'il ayme.

ACTE V.

SCENE DERNIERE.

CLARICE, ALCIDON, PHILISTE,
CRYSANTE, CELIDAN, DORIS.

CLARICE à ALCIDON.

MOn abord t'a surpris? tu changes de
couleur?
Tu me croyois sans doute encor dãs le malheur?
Voicy qui m'en deliure, & n'estoit que Philiste
A ses nouueaux desseins en ta faueur resiste,
Cét amy si parfait qu'entre tous tu cheris
T'auroit pour recompense enleué ta Doris.

ALCIDON.

Le desordre qu'on lit en mon ame estourdie
Vient moins de vostre aspect que de sa perfidie,
Ie forcene de voir que sur vostre retour
Ce traistre asseure ainsi ma perte, & sõ amour,
O honte! ô creue-cœur! ô desespoir! ô rage!
Qui venez à l'enuy deschirer mon courage,
Au lieu de vous combattre vnissez vos efforts
Afin de desunir mon ame de mon corps,
Ie tiens les plus cruels pour les plus fauorables,

Mais pourquoy vo⁹ prier de m'estre secourables?
Ie mourray bien sans vous, dans cette trahison
Mõ cœur n'a par les yeux que trop pris de poisõ,
Perfide, à mes despens tu saoules donc ta braise,
Et mon honneur perdu contribuë à ton aise?

CELIDAN à Alcidon.

Traistre, iusques icy i'ay caché tes defauts
Et pour remerciment tu m'en donnes de faux?
Cesse de m'outrager, ou le respect des Dames
N'est plus pour contenir celuy que tu diffames?

PHILISTE à Alcidon.

Cher amy, ne crain rien, & demeure asseuré
Que ie sçay maintenir ce que ie t'ay iuré,
Pour t'ëleuer ma sœur il faut m'arracher l'ame.

ALCIDON à Philiste.

Non, nõ, il n'est plus tẽps de desguiser ma flame
Il faut leuer le masque, il faut te confesser
Qu'vne toute autre ardeur occupoit mõ penser.
Amy ne cherche plus qui t'a rauy Clarice,
Voici l'autheur du coup, & voila le complice;
A dieu, ce mot lasché, ie te suis en horreur.

CRYSANTE à Philiste.

Et bien rebelle, enfin sortiras-tu d'erreur?

CELIDAN à Philiste.

Puisque son desespoir vous d'écouure vn mistere
Que ma discretion vous auoit voulu taire,
C'est à moy de monstrer quel estoit mon dessein.
Il est vray qu'en ce coup ie lui prestai la main,
La peur que i'eus alors qu'apres ma resistance
Il ne trouuast ailleurs trop fidelle assistance.

PHILISTE à Celidan.

Quittonslà ce discours, puisqu'en cette action
La fin m'esclaircit trop de ton intention,
Et ta sincerité se fait assez cognoistre.
Ie m'obstinois tantost dans le parti d'vn traistre,
Mais au lieu d'affoiblir vers toy mon amitié
Vn tel aueuglement te doit faire pitié,
Plains moi, plains mon malheur, plains mon
        trop de franchise
Qu'vn ami desloial a tellement surprise,
Voy par là comme i'aime, & perds le souuenir
Qu'vn traistre côtre toy tu m'as veu maintenir.
Bien que ma flame au point d'auoir sa recôpense
De me vanger de lui pour l'heure me dispense,
Il iouïra fort peu de cette vanité
D'auoir sceu m'offencer auec impunité.
Fay malgré mon erreur que ton feu perseuere,

Ne puny point la sœur de la faute du frere,
Et reçoy de ma main celle que ton desir
Parauant cette offence auoit voulu choisir.

CLARICE à Celidan.

Vne pareille erreur me rend toute confuse,
Mais icy mon amour me seruira d'excuse,
Il serre nos esprits d'vn trop estroit lien,
Pour permettre à mon sens de s'esloigner du sien.

CELIDAN

Si vous croyez encor que cette erreur me touche
Vn mot me satisfait de cette belle bouche;
Mais helas, mon soucy, ie nose auoir pensé
Que sans auoir seruy ie sois recompensé.

DORIS à Celidan.

Icy vostre merite est ioint à leur puissance
Et la raison s'accorde a mon obeissance,
En secondant vos feux ie fais par iugement
Ce qu'ailleurs ie ferois par leur commandement.

CELIDAN.

A ces mots enchanteurs mon martire s'appaise,
Et ie ne conçoy rien de pareil a mon aise
Pouruea que ce propos soit suiui d'vn baiser.

CRYSANTE à Doris.

Ma fille ton deuoir ne le peut refuser.

PHILISTE à Clarice.

Leur exemple mon cœur t'oblige à la pareille.

CLARICE à Philiste.

Mais ie n'ay point de mere ici qui me conseille,
Tu prens tousiours d'auance.

CRYSANTE.

    O que sur mes vieux ans
Le pitoiable Ciel me fait de doux presens!
Qu'il conduit mon bonheur par vn ressort estrãge!
Qu'à propos sa faueur m'a fait perdre Florãge!
Ainsi me donne t'il pour comble de mes vœux
Biē tost des deux costés quelques petits neueux,
Rēdãt par les doux fruits de ce double hymenée
Ma debile vieillesse a iamais fortunée!

CLARICE à Crysante.

Cependant pour ce soir ne me refusez pas
L'heur de vo⁹ voir ici prēdre vn mauuais repas,
Afin qu'à ces plaisirs ensemble on se prepare,
Tant qu'vn mistere saint deux à deux nous se-
 pare.

CRYSANTE à Clarice.

Vous quitter parauant ce bien-heureux momēt
Ce seroit me priuer de tout contentement.

F I N.

www.ingramcontent.com/pod-product-compliance
Lightning Source LLC
Chambersburg PA
CBHW072040090426
42733CB00032B/2045